¿ME DEBERÍA CASAR?

Las Preguntas más Importantes que Debes
Hacer antes de Dar el Paso Final al
Matrimonio o Compromiso

MARTÍN SEPEDA

La información contenida en este documento se ofrece únicamente con fines informativos, y es universal como tal. La presentación de la información se realiza sin contrato y sin ningún tipo de garantía endosada.

El uso de marcas comerciales en este documento carece de consentimiento, y la publicación de la marca comercial no tiene ni el permiso ni el respaldo del propietario de la misma.

Todas las marcas comerciales dentro de este libro se usan solo para fines de aclaración y pertenecen a sus propietarios, quienes no están relacionados con este documento.

Índice

Introducción

El matrimonio es una gran decisión. Es un compromiso que, idealmente, durará para toda la vida, y es por esto que deberías estar muy seguro/a de este gran paso. Si bien para algunas personas el casarse representa emoción y anhelo, para otras puede ser motivo de preocupación o dudas.

Claro, el divorcio y las separaciones suceden, pero generalmente, es algo que muchos de nosotros queremos evitar. No solo porque, por supuesto, soñamos con encontrar a esa persona a la que hagamos y nos haga felices toda la vida, sino también porque una evaluación consciente y bien meditada sobre tu futuro esposo/a te ahorrará muchos problemas, tanto emocionales como financieros. ¡No es nada barato casarse, y divorciarse tampoco!

Tu futuro no es algo que deba tomarse a la ligera, y de esta unión dependerán varios aspectos del mismo. Una vida tranquila y equilibrada se puede encontrar si trabajas por un matrimonio tranquilo y equilibrado.

Habrá obstáculos que sortear, como todo en la vida, pero es importante que la pases acompañado/a de una persona adecuada para ti.

Puede que estés soltero/a y anhelando encontrar a esa persona ideal. Tal vez, estés en una relación maravillosa y estés pensando en dar el siguiente paso. O tal vez, estás en una relación en la que te sientes cómodo/a, pero tienes dudas sobre qué es lo que sigue para ustedes. Sea cual sea el caso, en este libro podrás aprender sobre ti, tu relación, y cosas que seguramente no sabías sobre este gran evento.

Contraer matrimonio podría ser, al final del camino, la declaración máxima de amor que se pueda hacer. Así que es importante que te asegures de recibir exactamente el amor que quieres y necesitas, y que eres capaz de darle a esa persona tan importante para ti el amor que él o ella quiere o necesita.

A lo largo de estos capítulos, entenderemos aquello que debes trabajar en ti para encontrar a tu pareja ideal o mejorar tu relación, aquello que es esencial en tu pareja y relación, las preguntas que nunca debes dejar pasar y algunos datos importantes para las diferentes etapas de esta gran decisión. ¡Qué alegría que quieras prepárate tanto! Eso ya es en sí, una gran declaración de amor.

Encontrando a tu pareja ideal

Así QUE QUIERES ENCONTRAR A "EL/LA indicado/a", ¿eh?

¿Estás harto/a y cansado/a de todas las aplicaciones y sitios web de citas, o de tratar de conocer gente en tu grupo de lectura? ¿Y cuántas primeras citas incómodas puedes soportar hasta encontrar a una persona "normal"? ¿Y qué pasa con todas las personalidades falsas y las personas que parecen más interesadas en sí mismas y no se molestan en hacer un pequeño esfuerzo para, ya sabes, conocerte?

Si esto describe la mayor parte de tu vida romántica, quiero que abras un poco tu mente y comiences a ver las cosas de manera un poco diferente a partir de ahora.

Primero, considera esto: todos quieren una pareja perfecta, pero pocas personas quieren ser la pareja perfecta.

La gran mayoría de los problemas relacionados con "encontrar a alguien" son causados por expectativas desiguales como esta. Pero cuando le das la vuelta a eso y empiezas a asumir un poco más de responsabilidad en esta área de tu vida, cuando empiezas a centrarte en qué tipo de vida quieres vivir y qué tipo de pareja quieres ser, empezarás a para ver todas las personas poco ideales desvanecerse en el fondo.

Comenzarás a establecer conexiones genuinas con las personas y harás que la vida de los demás sea más placentera. Esta es una lección muy importante: la mejor manera de encontrar a una persona increíble es convertirte en una persona increíble.

Comencemos quizás con una declaración audaz: la raíz de toda falta de atractivo es la necesidad; la raíz de todo atractivo es la autonomía. Pero, ¿qué es exactamente la necesidad? Ocurre cuando le das más prioridad a lo que otros piensan de ti que a lo que tú piensas de ti mismo/a.

. . .

Cada vez que alteras tus palabras o comportamiento para satisfacer las necesidades de otra persona en lugar de las tuyas, eso es necesidad. Cada vez que mientes sobre tus intereses, pasatiempos o antecedentes, eso es una necesidad.

Cada vez que persigues una meta para impresionar a los demás en lugar de satisfacerte a ti mismo/a, eso es una necesidad.

Mientras que la mayoría de la gente se enfoca en qué comportamiento es atractivo o poco atractivo, lo que determina la necesidad (y, por lo tanto, el atractivo) es el *por qué* detrás de su comportamiento. Puedes hablar de la mejor manera o realizar las mejores acciones, pero si lo haces por la razón equivocada, parecerá un acto necesitado y desesperado y alejará a la gente.

No es el qué de tu comportamiento lo que es atractivo o no atractivo, es el porqué de tu comportamiento. Las personas pueden sentir un comportamiento necesitado de inmediato; lo más probable es que puedas saber cuándo alguien está necesitando tu atención o afecto, y es un gran desvío.

. . .

Esto se debe a que esto es en realidad una forma de manipulación, y la gente tiene un buen olfato para las personalidades manipuladoras. Piénsalo, si estás actuando como necesitado/a, estás tratando de que alguien piense en ti de cierta manera o actúe de cierta manera contigo para tu propio beneficio.

Piensa en cómo te sientes cuando alguien trata descaradamente de venderte algo con trucos de venta de alta presión. Simplemente se siente erróneo. Es un sentimiento similar cuando alguien está actuando de cierta manera solo para agradarte.

Ahora, todos nos sentimos necesitados a veces porque, por supuesto, nos importa lo que los demás piensen de nosotros.

Eso es un hecho de la naturaleza humana. Pero la clave aquí es que, al final del día, deberías preocuparte más por lo que piensas de ti mismo/a que por lo que piensan los demás.

Cuán necesitado/a o no necesitado/a eres impregna todo en tu vida y se refleja en todo tu comportamiento. Y me refiero a todo. Por ejemplo, una persona necesitada quiere que sus amigos piensen que es genial, divertida o inteligente y tratará constantemente de impresionarlos con su tranquilidad, humor u opiniones; por el contrario, una persona agradable solo disfruta pasar tiempo con sus amigos por el simple hecho de pasar tiempo con ellos sin pretender ser de alguna manera.

Una persona necesitada compra ropa en función de si cree o no que otras personas pensarán que se ve bien con ella (o al menos lo que cree que es "seguro" de usar). Una persona segura compra ropa en función de su propio sentido personal del estilo que ha desarrollado con el tiempo.

Una persona necesitada se queda en un trabajo desgarrador que odia por el prestigio que le da a los ojos de sus amigos, familiares y compañeros. Una persona segura valora su tiempo y sus habilidades más de lo que piensan los demás y encontrará un trabajo que le satisfaga y le desafíe en función de sus propios valores.

Una persona necesitada tratará de impresionar a una cita dejando caer pistas sobre cuánto dinero gana o sobre personas importantes que conoce o con las que salió o dónde fue a la escuela. Una persona agradable realmente solo trata de conocer a la otra persona para averiguar si son compatibles entre sí.

Nos comportamos de esta manera cuando nos sentimos mal con nosotros mismos. Intentamos utilizar el afecto y la aprobación de los demás para compensar la falta de afecto y aprobación hacia nosotros mismos. Y esa es otra causa fundamental de nuestros problemas de citas: nuestra incapacidad para cuidar de nosotros mismos.

Nadie puede ver tu valor como persona si no te valoras a ti mismo/a primero. Y cuidarte, cuando se hace desde la no-necesidad, es lo que demuestra que uno se valora. Ahora, hay una línea muy fina entre cuidarse a uno mismo por las razones correctas y las incorrectas: si haces las cosas que se describen a continuación para agradar a los demás, ya has perdido (eso es un comportamiento necesitado, ¿recuerdas?).

Debes cuidarte a ti mismo/a porque realmente quieres ser una persona sana, inteligente y completa por el bien de ser una persona sana, inteligente y completa que prioriza su propio valor por encima de lo que los demás piensan de ella. Piénsalo de esta manera: podrás amar mejor y dar lo mejor de ti cuando te ames a ti mismo/a.

. . .

Entonces, dicho esto, cuídate primero. Hay diferentes áreas en tu vida en las que debes concentrarte primero (si aún no lo has hecho). Por ejemplo, cuidar de tu salud física y mental es el paso más importante que puedes dar para mejorar tu vida. Tiene el impacto más grande y duradero en prácticamente todas las demás áreas de tu vida, incluidas las citas y las relaciones.

Además de hacerte lucir mejor, el comer bien y hacer ejercicio constantemente te hace sentir mejor día a día.

Cuando te sientes mejor, cuando tienes más energía y tu estado de ánimo se eleva un poco, es mucho más fácil salir de la casa y entrar en el mundo para que puedas relacionarte con las personas de manera genuina y segura.

También es más agradable estar cerca de ti.

Y si tienes traumas pasados o problemas psicológicos que necesitan ser tratados, hazlo. Habla con amigos y familiares y comienza a ir a terapia si la necesitas y puedes acceder a ella. En última instancia, tú eres quien más puede ayudarte a ti mismo/a, pero está bien si necesitas un poco de ayuda en esta área. Cuídate.

. . .

También, el dinero es una fuente importante de estrés para muchas personas. De hecho, puede ser tan estresante que la mayoría de las personas terminan ignorando por completo muchos de sus problemas financieros. Esto, a su vez, conduce a un círculo vicioso, en el que ignorar los problemas con el dinero solo los empeora y estas personas terminan aún más estresadas a medida que pasa el tiempo.

El estrés a largo plazo como este te hace menos atractivo/a. Drena tu energía, causa problemas de salud y, en general, te convierte en un/a imbécil. Entonces, si esto te describe, es hora de ser realista con tus finanzas.

Aprende sobre finanzas personales. Elimina el desperdicio y encuentra formas de ganar más dinero a corto y largo plazo.

Abre una cuenta de ahorros para emergencias y paga tu deuda lo más rápido posible. Aprende los conceptos básicos de la inversión. En resumen, maneja esta área de tu vida para que no te arrastre hacia abajo en otras áreas.

Algo más: para decirlo sin rodeos, nadie quiere estar cerca de alguien y mucho menos salir con alguien que se queja de su trabajo todo el tiempo. Claro que es entendible, no todos pueden tener el trabajo de sus sueños o comenzar un negocio de mil millones de dólares mañana. Todos nacemos con diferentes niveles de talento en bruto en un área u otra y, a veces, nuestros talentos y pasiones pueden convertirse en carreras. Otras veces, tenemos que trabajar en trabajos "normales" para llegar a fin de mes y perseguir nuestros talentos y pasiones al margen.

Pero independientemente de tu situación actual, hay absolutamente alguna acción que puedes tomar, en este momento, para encontrar un trabajo significativo que disfrutes, o al menos un trabajo al que no le temas.

Aplica a nuevos puestos de trabajo, asiste a ferias de empleo y establece contactos con personas. Toma clases y desarrolla habilidades útiles que disfrutas. Aprende cómo entrevistarte mejor y cómo negociar mejores términos de empleo.

Por otro lado, hablemos de tu vida social. Si terminas en los mismos tres o cuatro bares con las mismas tres o cuatro personas todos los fines de semana y luego te preguntas por qué no puedes conocer gente interesante y atractiva con la que puedas conectarte, bueno, solo piensa en lo mucho que te pierdes al seguir todo el tiempo la misma rutina.

Desarrollar una vida social activa no solo hace que la vida sea más satisfactoria y placentera, sino que también te pone en contacto con más (y diferentes) personas, lo que aumenta tus posibilidades de conocer a alguien con quien hagas clic.

Hablaremos más sobre esto más adelante, pero por ahora, algunas ideas para comenzar son cosas como explorar nuevos pasatiempos e intereses, tomar una clase de arte, inscribirte en artes marciales o yoga, unirte a una liga deportiva comunitaria, etc. Haz cosas que te hagan moverte y comenzar a interactuar con la gente. Esto dará sus frutos inmensamente en todas las áreas de tu vida.

Notarás que todas estas áreas toman bastante tiempo y esfuerzo para desarrollarse. De hecho, probablemente nunca dejarás de trabajar en cada una de ellas hasta cierto punto, y eso está bien. La mejor manera de manejar estas áreas de tu vida es desarrollar hábitos saludables y consistentes en torno a ellas.

· · ·

Y el punto no es llegar a un estado de nirvana en tu vida donde tienes abdominales marcados, un billón de dólares y una agenda social repleta con miles de amigos y luego, FINALMENTE, de repente encontrarás el amor verdadero.

El punto es trabajar siempre para ser la mejor versión de ti mismo/a que puedas ser en un momento dado.

¿Estás profundamente interesado/a en la justicia social?

¿Eres un/a loco/a por la salud? ¿Eres un/a fiestero/a o socialité? ¿Estás realmente interesado/a en el arte y la música? ¿O tal vez te encanta el aire libre?

Desarrolla primero tus intereses, simplemente por la alegría y el placer que obtienes al experimentarlos. Luego, como subproducto, conocerás a personas que comparten tus valores y se sienten atraídas hacia ti en función de quién eres en realidad, en lugar de lo que pretendes o qué es lo que ven de ti.

Aquí hay un ejemplo un poco ridículo para ilustrar mi punto: una mujer inteligente que se dedica a su carrera como científica probablemente no tendrá la mejor suerte de conocer hombres con los que es compatible compitiendo en concursos de camisetas mojadas.

No es que todos los que van a concursos de camisetas mojadas sean estúpidos, es solo que sería mejor que desarrollara más actividades intelectuales que le interesen para poder conocer personas cuyos intereses y valores están más alineados con los suyos. Cosas como inscribirse en clases de idiomas, ser voluntaria en un museo local, asistir a galerías de arte y conferencias, etc.

Entonces, si realmente te gusta la ciencia ficción o los juegos de roles o el arte medieval del siglo VIII, no vayas a clubes y bares en busca del amor. Del mismo modo, si te gustan las noches tranquilas en casa y te gusta tejer, unirte a un club de paracaidismo podría no ser el primer lugar que deberías buscar para expandir tu círculo social y conocer posibles parejas. Está bien experimentar con la expansión de tus intereses, pero como siempre, hazlo por ti, no para conocer a la persona perfecta.

Hablemos también de las aplicaciones para conseguir citas.

· · ·

No hay nada intrínsecamente malo con las citas en línea y los estudios han demostrado que cada vez más personas se encuentran en línea y tienen relaciones a largo plazo. Definitivamente es factible y puede ser una excelente manera de conocer gente, especialmente si eres nuevo/a en una ciudad, estás extremadamente ocupado/a con el trabajo, o simplemente estás "volviendo a salir".

Dicho esto, la mayoría de las personas no usan las citas en línea de manera muy efectiva. Si tienes problemas con las personas que son narcisistas y/o tibias, bueno, seguramente será terrible leer esto, pero no son ellos, eres tú.

Verás, las citas en línea y las aplicaciones de citas son excelentes para conocer gente de manera rápida y eficiente, y eso es todo. Después de eso, depende de ti ser audaz y comunicar claramente lo que estás buscando. Esto asustará a algunas personas, hará que algunas personas no vuelvan a buscarte más. Y la realidad es que esto es algo bueno.

Piénsalo: las personas que se vuelven locas o dejan de contestarte, son las personas insípidas con las que estás tan cansado/a de tener citas. Lo mejor es eliminarlos lo más rápido posible y no participar en sus juegos insípidos. Esto es doblemente cierto a medida que envejeces.

. . .

Si le dices a alguien en una primera cita que estás buscando una relación a largo plazo y los asusta, entonces le hiciste un gran favor a tu futuro yo. Si simplemente declarar tus intenciones generales asusta a alguien, entonces la realidad es que no quieren lo mismo que tú y/o tienen sus propios problemas que resolver. Aprende a verlo como una bendición cuando alguien se elimina por sí mismo/a. Tu trabajo es simplemente expresarte honestamente y no avergonzarte de eso.

Hay una cantidad vertiginosa de consejos sobre citas y la mayoría, son mentiras. Gran parte se centra en las "tácticas" y "estrategias" de atraer a alguien perdiendo completamente el sentido de la alegría de conocer a alguien con quien te conectas.

"Di esto, no digas aquello. Espera 3.46 días antes de devolverles la llamada o el mensaje de texto. Tócalos en el brazo izquierdo una vez cada 7 minutos mientras subcomunicas tu estado socio-sexual. Sonríe, pero no DEMASIADO.

. . .

Actúa sutilmente interesado/a, pero no DEMASIADO ansioso/a. Siempre mantenlos adivinando para mantener el 'misterio'"… Terribles consejos.

Parte de ser un adulto maduro y funcional en el mundo es poder comunicarse y expresarse honestamente en un nivel emocional, pero para muchas personas, especialmente aquellas que han tenido problemas en su vida romántica, esto es difícil.

O nunca les han enseñado cómo ser vulnerables de una manera saludable, o se han cansado tanto de las citas que piensan, ¿cuál es el punto? Así que se ponen en guardia antes de que alguien tenga la oportunidad de saber realmente quiénes son.

La vulnerabilidad, cuando se practica correctamente, es en realidad una demostración de fuerza y poder. Decirle a alguien que te gusta y que quieres conocerle mejor no le "da todo el poder" a menos que estés completamente interesado/a en la forma en que te responde.

Si, en cambio, simplemente te expresas para dar a conocer tus deseos y estás dispuesto o dispuesta a aceptar las consecuencias, buenas o malas, los demás lo notarán. Y esto es increíblemente atractivo.

Antes de continuar, es importante dejar algo claro sobre ser vulnerable: esta no es una "táctica" o "estrategia" más para caerle bien a la gente. Eso, por definición, es necesidad (siempre volvemos a la necesidad, ¿no?).

Una persona que se siente verdaderamente segura y cómoda siendo vulnerable simplemente se expresa y dice: "Esto es lo que soy, con mis defectos y todo. No tengo que gustarte para que yo esté bien con eso". ¿Y cuando a la gente no le gustas por lo que eres? Bueno, es que en realidad ellos no importan.

Algunas personas podrían pensar que estas ideas sobre las relaciones románticas son un poco extremas. Y es entendible pues puede que hayamos usado ejemplos extremos para ilustrar el punto cuando se trata de valores y límites. Esto no presenta la sugerencia de que solo deberías buscar la perfección en tu vida amorosa, pues esto solo resulta en expectativas poco realistas, lo que luego resulta en decepción porque nadie es perfecto.

· · ·

Bueno, por supuesto, todo el mundo tiene defectos. Es imposible encontrar a alguien sin un bagaje emocional o inseguridades. La verdadera pregunta es, ¿cómo lo enfrentamos? Anteriormente aprendimos sobre cómo notar el comportamiento de manipulación emocional y cómo evitar a las personas que lo muestran. Estas son personas que tienen problemas y cargas emocionales y los usaron como un arma con las personas con las que salen.

Pero es importante también hablar sobre aquellos rasgos que debes buscar activamente en una relación de pareja al decidir salir o comprometerte con ellos, con cargas e inseguridades y todo. Deseas buscar personas que manejen bien sus inseguridades.

Mi primer puñado de relaciones significativas estuvo empantanado con mucha manipulación y dinámicas de víctima/rescatador. Estas relaciones fueron grandes experiencias de aprendizaje, pero también me causaron mucho dolor del que finalmente tuve que aprender.

No fue hasta que me las arreglé para encontrarme en relaciones con algunas mujeres emocionalmente sanas, que eran capaces de manejar bien sus defectos. que realmente aprendí qué buscar al salir con alguien.

· · ·

Y descubrí en este tiempo que había un rasgo en una mujer que absolutamente debía tener para estar en una relación con ella, y era algo en lo que nunca cedería de nuevo (y no lo he hecho). Algunos de nosotros no estamos dispuestos a ceder en rasgos superficiales: apariencia, inteligencia, educación, etc. Esos son importantes, pero si hay un rasgo que he aprendido que nunca debes ceder, es este: la capacidad de ver los propios defectos y ser responsable de ellos.

Porque el hecho es que los problemas son inevitables. Cada relación se enfrentará a peleas y cada persona se enfrentará a su equipaje emocional en varios momentos. La duración de la relación y lo bien que va se reduce a que ambas personas estén dispuestas y sean capaces de reconocer los inconvenientes en sí mismos y comunicarlos abiertamente.

Piensa en tu interés amoroso y pregúntate: "Si le diera una crítica honesta y constructiva sobre cómo creo que podría ser mejor, ¿cómo reaccionaría?" ¿Lanzaría un gran ataque?

¿Causaría un gran drama? ¿Te culparía y te criticaría de vuelta? ¿Diría que no los amas? ¿Irrumpiría y evadiría la conversación?

. . .

¿O apreciarían tu perspectiva, e incluso si duele un poco o si es incómodo, incluso si hubo un pequeño estallido emocional al principio, eventualmente lo considerarían y estarían dispuestos a hablar sobre ello? Sin culpar ni avergonzar. Sin causar dramatismo innecesario. Sin tratar de ponerte celoso/a o enojado/a.

¿No? Entonces no son material para citas. Pero, aquí está la pregunta del millón de dólares. Piensa en ese mismo interés amoroso, y ahora imagina que te dieron una crítica constructiva y señalaron lo que creían que eran tus mayores defectos y puntos ciegos. ¿Cómo reaccionarías? ¿Te lo quitarías de encima? ¿Les echarías la culpa o los insultarías?

¿Tratarías lógicamente de argumentar tu salida? ¿Te enfadarías o te sentirías inseguro/a?

Lo más probable es que lo harías. Lo más probable es que la otra persona también lo haga. La mayoría de la gente lo hace. Y es por eso que terminan saliendo entre ellos. Tener conversaciones íntimas y abiertas con alguien en las que puedas hablar abiertamente sobre los defectos del otro sin recurrir a culpar o avergonzar es posiblemente lo más difícil de hacer en cualquier relación.

Muy pocas personas son capaces de hacerlo. Hasta el día de hoy, cuando me siento con mi novia, mi padre o uno de mis mejores amigos y tengo una de estas conversaciones, siento que se me oprime el pecho, se me hace un nudo en el estómago y me sudan los brazos.

No es agradable. Pero es absolutamente necesario para una relación saludable a largo plazo. Y la única manera de encontrar esto en una persona es abordando toda la relación, desde el momento en que la conocen por primera vez, con honestidad e integridad, expresando sus emociones y sexualidad sin culpa ni vergüenza, y sin degenerar en malos hábitos de juegos o provocando el drama.

Reprimir o sobre expresar tus emociones atraerá a alguien que también reprime o sobre expresa sus emociones.

Expresar tus emociones de manera saludable atraerá a alguien que también exprese sus emociones de manera saludable.

· · ·

Puedes pensar que una persona así no existe. Que son un unicornio. Pero te sorprenderías. Tu integridad emocional naturalmente auto-selecciona la integridad emocional de las personas que conoces y con las que sales.

Y cuando te arreglas a ti mismo/a, como si fuera un código mágico, las personas con las que te encuentras y sales se vuelven cada vez más funcionales. Y la obsesión y la ansiedad de las citas se disuelven y se vuelven simples y claras. El proceso deja de ser largo y analítico para ser breve y placentero.

La forma en que ladeas la cabeza cuando sonríes, la forma en que tus ojos se iluminan un poco más cuando hablas con esta persona… Tus preocupaciones se disolverán. E independientemente de lo que suceda, ya sea que estén juntos por un minuto, un mes o toda la vida, todo lo que hay es aceptación.

Existe una ley bastante simple: La Ley de "sí o no" establece que, en las citas y las relaciones, ambas partes deben ser un "totalmente sí" el uno con el otro. ¿Por qué? Porque las personas atractivas, no necesitadas y con un alto valor propio no tienen tiempo para personas con las que no están emocionados de estar y que no están emocionados de estar con ellos.

. . .

La ley de sí o no se aplica a conocer y salir con alguien, sexo, relaciones a largo plazo, incluso amistades. Si conoces a alguien y uno o ambos no son un "totalmente sí" para volver a verse, eso es un "totalmente no". Si vas a una primera cita y no tienes un "totalmente sí" sobre una segunda cita, eso es un "totalmente no".

Y no es solo un romance idealista y apasionado de lo que estamos hablando aquí. Puede que estés pasando por una mala racha con alguien, pero ambos son un "por supuesto que sí" que vale la pena trabajar en ello. Impresionante.

Haz eso.

Si has estado con alguien durante años y uno o ambos no son un "totalmente sí" para estar juntos en el futuro previsible, eso es un "totalmente no". En cualquier relación a largo plazo, surgen problemas y es probable que surjan discusiones. Pero una buena señal de ser "totalmente sí" con alguien es que todavía quieren estar juntos, incluso cuando se están molestando mutuamente.

. . .

El punto no es que no tengan aprensiones si son "el uno" para el otro. El punto es que se encuentran diciendo "claro que sí" juntos en cada paso de la relación a pesar de las aprensiones que puedan tener. Desde la primera cita a la segunda cita a la cita número 100, al primer beso, a hacerlo "oficial", a pelear entre ustedes, a mudarse juntos, a casarse, a comprar un seguro juntos, y lo que venga.

Cuando lo piensas, la ley de sí o no es en realidad un subproducto de todo lo que hemos cubierto hasta ahora. Las personas no necesitadas que se cuidan a sí mismas y se comunican con honestidad no tienen tiempo para las personas que juegan o son insípidas acerca de estar con ellas. Tienen demasiado respeto por sí mismas y no les importa lo que la gente insulsa piense de ellos.

Entonces, si no quitas nada más de esto, solo debes saber que la forma de encontrar el amor verdadero es ser la mejor versión de ti mismo/a y hacerlo sin disculpas y sin vergüenza. Atraerás a personas a tu vida que se conectan contigo en tu nivel y, lo que es igual de importante, eliminarás a todas las personas que no lo hacen. Y ese es todo el punto, ¿no?

2

Una mirada a ti mismo/a

AHORA, pensemos que el capítulo anterior era innecesario, pues estás en una relación estable y pensando en dar el siguiente paso. Ya sea que hayas estado con tu pareja durante varios años o varios meses, casarse es un gran reto.

Además de toda la emoción que rodea al compromiso, es posible que te preguntes si estás viendo señales de que estás listo/a para el matrimonio.

Pero, la idea de "estar listo/a" puede significar diferentes cosas para diferentes personas. Desde la perspectiva terapéutica, estar preparado/a para el matrimonio significa que dos personas tienen la capacidad de, en momentos importantes, dejar de lado sus preferencias individuales por el bien de la relación.

Lo que es importante para ti y tu pareja puede ser diferente a la pareja sentada en la mesa de al lado cuando salen a cenar, pero la clave es que tú y tu pareja están en la misma página. También es importante que tú y tu pareja estén contentos con lo que cada uno de ustedes es a nivel individual, así como con lo que cada uno de ustedes es en su relación. Hay algunas señales principales que indican que estás listo/a.

1. Tienes disposición para comprometerte

El compromiso es una habilidad, no es un músculo que solo se aplica a las relaciones y el matrimonio; en otras palabras, es posible que hayan pasado algunos tiempos difíciles, y ciertamente habrá tiempos difíciles por delante, pero si estás listo/a para navegar con tu pareja por los territorios a veces difíciles e inexplorados de la vida, estas son señales de que pueden lograrlo.

Estás listo/a para casarte si puedes cumplir tus promesas, superar desafíos difíciles sin rendirte, tener paciencia, fortaleza y disciplina. Probablemente habrá días en los que no te guste tu pareja y es posible que no desees casarte, pero si pueden trabajar en su compromiso, pueden superar esos momentos difíciles.

2. Te conoces (y te gustas) a ti mismo/a

Aunque es posible que te hayas acostumbrado a concentrarte en todas las cosas que te gustan (y te encantan) de tu pareja, los expertos insisten en que, cuando se trata de una relación a largo plazo, es igual de importante concentrarte en todas las cosas que te encantan de ti mismo/a.

Tu pareja no debería completarte, sino aumentar la felicidad que ya has encontrado en la vida. Esto ejerce menos presión sobre la otra persona para que te dé una vida viable y una razón para vivir o te haga feliz continuamente, pues te sientes ya cómodo/a con la persona que eres y la vida que tienes.

3. Eres capaz de cuidarte a ti mismo/a

Una de las señales más importantes de que estás listo/a para casarte es que eres capaz de mantenerte a ti mismo/a.

. . .

Si bien el matrimonio es una fuente de confianza en el otro cónyuge, ninguno de los dos debe depender completamente de la otra persona sin la capacidad de cuidar de sí mismo/a.

Debes saber cómo mantenerte financieramente, así como emocional y espiritualmente. De esta manera, si tienes una familia y atraviesan cualquier tipo de problema en el que tu pareja no se encuentre disponible, puedes asumir ciertos roles y mantener las cosas en marcha.

4. Tienes expectativas realistas

Nadie es perfecto y, si ya has vivido con tu pareja antes del matrimonio, probablemente lo sepas. Entonces, antes de caminar por el altar, es importante comprender completamente que junto con los momentos felices y los momentos en los que tu pareja superará sus expectativas, habrá momentos en los que él o ella te decepcionará.

Tienes que hacer una pausa e investigar verdaderamente las dudas persistentes que surgen al casarte con esta persona en particular y conocer las compensaciones que estás haciendo al adoptar estas características y, por llamarles de alguna manera, deficiencias.

· · ·

5. Tienes clara la visión de tu vida

No tienes que saber dónde te establecerás o qué carreras seguirás teniendo a cada momento durante toda tu vida, pero una de las señales más importantes de que estás listo o lista para el matrimonio es estar en la misma página cuando llegue el momento de hablar sobre de factores más amplios, como si tendrás hijos o no.

La mayoría de las parejas mutuamente quieren hijos y una familia, sin embargo, hay un número definitivamente más pequeño de parejas en las que uno de los miembros tiene sentimientos fuertes que se oponen a tener hijos. Debes tener muy claro cuál es la posición de tu pareja en este tema crítico y, lo que es más importante, cuál es tu posición.

6. Conoces tus elementos esenciales y tus factores decisivos

Debes saber las cosas principales que necesitas en una pareja para que una relación funcione a largo plazo. Lo esencial para ti puede ser alguien que hable contigo eficientemente para resolver problemas, alguien que sea un gran padre o madre, o alguien a quien le guste su trabajo y sea económicamente estable.

Algunos factores decisivos podrían ser las adicciones, que tu pareja no quiera casarse ni tener hijos o que llegue a ser emocional o mentalmente abusivo/a. Saber cuál es tu posición en lo que respecta a estos elementos esenciales y los factores decisivos antes de casarte definitivamente puede ayudarte a navegar algunos de los tiempos más difíciles que se avecinan.

7. No esperas que tu pareja cambie

Las pequeñas peticiones, como no dejar los platos sucios en el fregadero o levantar la tapa del inodoro, son totalmente normales, pero querer que tu pareja cambie en aspectos más importantes, como en su personalidad, significa problemas para la relación.

La mayoría de las personas tienen una cantidad razonable de flexibilidad y pueden adaptarse a las cosas que los hacen sentir incómodos y viceversa, como es de esperar en cualquier relación saludable.

Sin embargo, el temperamento básico, la personalidad y el carácter no cambian. En otras palabras, asegúrate de que realmente quieres lo que se firmó al comienzo de tu relación, no lo que piensas o esperas que sea.

Evaluar lo que eres en este momento, las capacidades que tienes, tus metas a futuro y tus necesidades principales son un factor clave para un paso tan decisivo como es el matrimonio. Si te encuentras a gusto contigo mismo/a y te sientes tranquilo/a con quién eres y con el estado en el que tu vida se encuentra, tienes al menos una parte de este gran rompecabezas resuelto.

3

Una mirada a tu pareja

Escucha, no hay una fórmula definitiva que diga "esto" + "eso" = ¡felicidades, has encontrado a la persona perfecta! Sin embargo, la buena noticia: hay algunas señales que podrían indicar que estás con la persona con la que se supone que debes estar para siempre. Y si el matrimonio es algo que deseas, existen señales podrían significar que has encontrado oficialmente a tu compañero/a de vida.

Según los expertos, existen diferentes indicadores que podrían significar que estás con la persona con la que te podrías casar, o al menos estarás con ella a largo plazo. Estas ideas te pueden ayudar a medir la compatibilidad a largo plazo, pero recuerda que tu pareja no necesariamente tiene que marcar todas las casillas, pues lo que funciona para ti y tu pareja no necesariamente funcionará para otra pareja.

Sin embargo, como ya discutimos en el capítulo pasado, es sumamente importante identificar aquello que es más importante para ti.

1. Son lo suficientemente diferentes a ti

No quieres casarte con tu copia exacta, eso sería aburrido; quieres poder admirar y aprender de la persona con la que estás para poder ser la mejor versión de ti mismo/a. Obviamente, esto no significa que no tengan nada en común, llegaremos a las similitudes importantes en solo un segundo, pero significa que se divierten descubriendo cosas del otro, sabiendo que aún son compatibles.

Tener diferentes lenguajes de amor, por ejemplo, es normal y también puede ser un aspecto clave de su dinámica.

Digamos que el contacto físico es tu lenguaje de amor número uno, pero el de tu pareja son actos de servicio: ¿podemos respetar que sabemos lo que hace que esa persona se sienta amada? Quieres poder complacer a tu pareja mientras te aseguras de que también te cuide a ti.

Los lenguajes del amor te permiten definir una manera de dar y recibir de manera recíproca.

Que una persona sea lo suficientemente diferente a ti podría significar que tu pareja sea tu persona de referencia cada vez que tienes una historia para compartir.

Tú tienes tus propias cosas en marcha, y ellos también, pero ambos pueden reunirse y discutirlo.

Aprecias su punto de vista, incluso si no es un/a experto/a, y tienen información valiosa el uno para el otro. Las cosas que le dirías a tus padres y amigos también están sobre la mesa aquí.

También podría definirse cuando siempre tienen mucho de qué hablar. Constantemente se siente como un descubrimiento: una nueva pasión que no conocías, una historia de su pasado, una perspectiva que decidieron compartir. Ambos saben que manejan las situaciones de manera diferente, pero eso es lo divertido de hacer cosas juntos.

2. Practican o están abiertos a los límites

Incluso si no han llegado a hablar de terapia, los límites pueden ser el aspecto más saludable de una relación. Ya sea dándote espacio cuando lo necesitas, sabiendo cuándo es necesaria una disculpa, pidiendo permiso cuando no están seguros de cómo te sientes, respetando tus diferencias o diciéndote sus propios límites, habla del amor que te tienen y se tienen ellos mismos.

Puede ser muy estimulante tener un diálogo continuo sobre las necesidades y preferencias de cada persona, especialmente porque pueden evolucionar constantemente.

La gente siempre dice que la comunicación es lubricación. Es representativo de una buena dinámica el poder hablar con esa persona: tuviste un gran día, tuviste un mal día, quieres tener sexo esta noche, no quieres tener sexo...

No hay necesidad de juegos ni conjeturas: respetan lo que quieres y necesitas, y viceversa.

Esto podría significar, también, que respetan tus no negociables. Entienden que tienes otros compromisos como, por ejemplo, un jueves de bebidas semanal con tus amigos o una cena en casa de tus padres todos los domingos. Pero lo más importante es que no tratan de cambiar estos límites, disuadirlos o interrumpirlos.

· · ·

También podría verse si te preguntan sobre tus límites regularmente. Quieren saber con qué te sientes cómodo/a y si están satisfaciendo esas necesidades. Una vez más, es posible que no se den cuenta de que están preguntando acerca de los límites per se, pero saben que quieren que te sientas cómodo/a y empoderado/a.

3. Sus valores fundamentales se alinean

Tener una conversación sobre valores, como la familia, la espiritualidad, el crecimiento personal y la salud es crucial para asegurarse de que tú y tu pareja estén en sintonía a largo plazo.

No es necesario que estén de acuerdo en todo, hasta en su sabor favorito de palomitas de maíz, pero si algún valor profundo está fuera de lugar, es posible que debas reconsiderar si la relación tiene el potencial de durar en el futuro.

Esto incluye algunos temas que pueden sorprenderte. Por ejemplo, muchas parejas pasan por problemas cuando se debe discutir el lugar donde quieren vivir (los suburbios versus la ciudad), porque eso es algo en lo que no piensas cuando estás saliendo. Y también es una cuestión de dinero, ¿verdad? Definitivamente es una conversación que debe tenerse a lo largo de las etapas de las citas.

. . .

Una de las cosas que es útil antes del matrimonio es la terapia para determinar algunos de estos problemas generales como: ¿Quién es el sostén de la familia? ¿Cómo se dividirán las finanzas? ¿Quieres tener hijos? Si con tu pareja pueden sacar eso de la mesa y acordar 'esto es lo que queremos, estos son nuestros objetivos para toda la vida', entonces no necesitan salvar a la relación de tener potencialmente un divorcio o una ruptura.

Es importante saber que ambos quieren al menos algunas de las mismas cosas. Saben que ambos quieren hijos, o no.

Acordaron que cada uno debe tener 45 minutos para ir al gimnasio todos los días, o planean comprar una casa en el futuro. Sabes que estás en sintonía con las cosas más importantes porque las discutiste. Y si no están de acuerdo, tienen formas de navegar esa diferencia juntos como socios.

Esto también podría verse cuando trabajan duro, pero tú eres la máxima prioridad. Si les pides que vayan a un evento que es importante para ti, no tienen miedo de salir de la oficina para acompañarte, tal como lo harías tú por ellos. Tú y su relación se ubican en lo más alto de su lista de prioridades. Y respetan y valoran lo que tú valoras, incluso cuando es diferente.

4. Puedes tener conflictos saludables

Los desacuerdos y los conflictos no solo son de esperar en cualquier relación a largo plazo, sino que pueden ser una prueba de que están en una relación saludable si ambos manejan las cosas con madurez.

Es una señal saludable de que la comunicación está intacta y que ambas partes están expresando sus sentimientos de manera adecuada. Las banderas rojas serían argumentos repetidos sobre lo mismo, resentimiento o desprecio... aunque no debes preocuparte demasiado si alguno de estos te suena familiar. La terapia de pareja es una gran herramienta para resolver estos problemas.

Un conflicto saludable incluye no usar los problemas de tu pareja. Esto quiere decir que solo porque tu pareja esté enojada, molesta, etc., no significa que tengas que igualar sus emociones. Deja que tu pareja hable con palabras sobre lo que le molesta y pregúntale qué necesita de ti para ayudarle, sin reaccionar ante sus problemas/inquietudes. Encárgate de tu gestión emocional y aprende cuándo y por qué reaccionas de cierta manera.

. . .

El hacer esto, es una muy buena señal. En la vida real significa que estás en una relación a la retroalimentación. No quieres cambiar quién es tu pareja como persona, pero cuando algo que hizo te molestó, escuchan y se esfuerzan por ser mejores. Y tú haces lo mismo.

Pueden hacer cosas como viajar juntos sin pelear todo el tiempo. Puedes hacer cosas tediosas, mundanas y cotidianas con tu pareja sin un montón de peleas. Eso no quiere decir que no haya estrés: es posible que aún se molesten cuando su vuelo de 18 horas se retrase durante la noche en el aeropuerto, pero ambos saben que no es el fin del mundo y tratarán de resolverlo como un problema de equipo.

5. Te aprecian

Un sentido de gratitud y admiración es un aspecto importante, y un poco subestimado, de una relación. En este ámbito, ambas personas se sienten afortunadas, como si hubieran ganado la lotería del amor.

No es en realidad centrarse en que son hermosos o exitosos, sino que ambos aportan algo grandioso a la mesa y ambos caminan sintiéndose muy orgullosos de estar con esa persona. Estás tan orgulloso/a de tenerlos a tu lado como ellos lo están de ti. Claramente no hay una agenda, es un proceso muy puro.

. . .

Esto podría reflejarse en que siempre se jactan de ti. Si consigues un ascenso en el trabajo o simplemente ganas entradas para un concierto, no podrán resistirse a contárselo a todas las personas con las que se encuentren antes de que siquiera pienses en mencionarlo. Porque son tu mayor admirador/a (posiblemente al lado de tu madre).

No tratan de cambiarte. Saben que eres más desordenado/a, que siempre necesitas un gato como mascota, que no puedes cocinar para salvar tu vida, y todo eso está bien. Nadie es perfecto, pero ambos aceptan quién es la otra persona.

No están esperando constantemente a que "mejores". Del mismo modo, no ponen ningún tipo de ultimátum sobre lo que perciben como tus imperfecciones. Así que, de igual manera, no esperes nada de tu pareja, pues esto elimina un nivel de estrés e ingratitud de tu relación.

6. Ambos tienen un nivel saludable de independencia

No quieres ser codependiente hasta el punto de perder tu autonomía. Si tú o tu pareja necesitan depender del otro para atender todas sus necesidades, esto no es bueno. En cualquier sociedad, debe haber apoyo mutuo y cuidado, pero si ese apoyo mutuo comienza a desequilibrarse y alguien depende constantemente del otro para todas sus necesidades de autoestima o para mantener la calma, eso podría significar problemas en el futuro. ¿Qué pasa el día que no puedes estar ahí para ellos? Una pareja segura de sí misma tiene confianza en sí misma y puede hacerse cargo de sus propias necesidades emocionales.

Esto también es muy importante para mantener viva esa "chispa", para que ambos se encuentren atractivos. Cuando dos personas se juntan, realmente tienen valor para agregar a la vida del otro. Cuando eres codependiente de alguien, puedes convertirte en un lastre y te vuelves poco atractivo/a para tu cónyuge. ¿Quién quiere sentarse a cenar y no tener nada para compartir?

Esto podría significar que te sientes cómodo/a planificando cosas a seis meses, o un año, en el futuro. No te preocupa tener que cancelar boletos de avión o decir que no necesitarás un acompañante después de todo: te sientes seguro/a en tu relación. Y realmente deseas coordinar planes para que puedan pasar más tiempo juntos porque no están tan entrelazados que no queda nada por hacer o hablar.

Se preocupan por tus amigos. Si uno de ellos está teniendo un mal día, te sugieren que vayas a pasar tiempo con él o ella. Si no han escuchado el nombre de alguien por un tiempo, preguntan al respecto. No intentan aislarte de tus amigos y, en cambio, se aseguran de que pases suficiente tiempo con ellos, incluso cuando eso signifique que no se verán por un tiempo.

Se sienten cómodos con tu compañía. ¿Bebidas de trabajo que ya sabes que serán rígidas e incómodas? No hay problema. ¿La cena de cumpleaños de tu mejor amigo en la que probablemente estarás demasiado ocupado/a para pasar el rato? ¡Suena genial! Son comprensivos y felices de estar cerca de ti, y pueden encontrar personas con las que conversar mientras corres.

7. Tienes buena química sexual

Si tu pareja es genial en el papel, pero a ti te falta una chispa sexual o química, es probable que no funcione. No querrás sentirte culpable por la falta de química sexual y tampoco querrás que tu pareja se sienta culpable por la falta de química, ¡especialmente si van a pasar el resto de sus vidas juntos! La química sexual y el buen sexo son esenciales si estás con la persona indicada.

¡Pero! También es crucial tener en cuenta que este no debería ser el único factor en su relación.

. . .

Cuando tenemos una química sexual increíble, intensa, loca y alucinante, nos quedamos ciegos, pero aquí está el truco: tienes que identificar la diferencia entre el amor verdadero y un orgasmo excepcional.

Una y otra vez en la práctica, las parejas tienen una gran atracción sexual al principio con sexo caliente y pesado, pero a medida que el tiempo y las experiencias interactúan en su relación, comienzan a desmoronarse, porque nunca tomaron el tiempo para comprender los valores, la actitud y las creencias de su pareja.

Así que esto podría verse como que te dicen, de la nada, que te ves sexy. Y es el día que no te secaste el cabello ni te maquillaste ni te quitaste los pantalones de chándal. Como si encontraran tu esencia sexy.

O como que, a pesar de que han pasado años, todavía no puedes esperar para saltar sobre ellos después de una larga ausencia. Claro, ya viven juntos, y saben que el sexo definitivamente está sobre la mesa una vez que regresan de su viaje de trabajo o de vacaciones, pero si se encuentran con muchas ganas de ir y se ponen nerviosos en el reclamo de equipaje porque no pueden esperar para reunirse contigo, sabes que es real.

· · ·

Te sientes seguro/a experimentando sexualmente o mencionando conversaciones sexuales potencialmente incómodas, como hablar sobre tus problemas. Sabes que no te juzgarán y viceversa. Se siente realmente abierto y maravilloso.

8. Manejan el estrés con eficacia

Si has estado con tu pareja por más de un año, probablemente te han mostrado cómo son durante un momento difícil, pero vale la pena ver cómo se manejan cuando la vida se pone difícil, independientemente del contexto.

Siempre parece que cuando las parejas experimentan una mini crisis, realmente ven cómo es realmente una persona.

Por ejemplo, pensemos en la pandemia. ¿Se cerraron? ¿Se comunicaron? ¿Se retrajeron? En la vida habrá problemas y desafíos a diversos niveles, si tu relación resistió el 2020, podríamos decir que es irrompible.

Otros indicadores podrían ser que sobreviviste a una relación a larga distancia. Fue duro y aterrador, pero se quieren tanto que fueron capaces de hacer los sacrificios necesarios para salir adelante con un único objetivo en mente: vivir en el mismo lugar y estar juntos cuando todo terminara.

También puedes llorar frente a ellos sin sentirte avergonzado/a (y viceversa). Pueden ser vulnerables el uno con el otro cuando están preocupados, asustados, enojados o simplemente necesitan dejar salir todas esas emociones. Saben cuándo preocuparse y cuándo estás atrapado en una escena de una película. Y saben animarte a cuidarte.

9. Pueden cambiar activamente

Más bien, continúan trabajando en sí mismos a medida que cambian, porque está prácticamente garantizado que no seguirán siendo los mismos que cuando los conociste. Las actitudes, los valores y las creencias de tu pareja cambiarán con las experiencias de la vida, el tiempo y la energía, al igual que las mareas.

Es mucho más fácil pasar de una relación a otra que decidir permanecer presente y trabajar en la actual, pero una de las verdaderas intimidades en una relación proviene de navegar esa evolución. Como les gusta decir a los terapeutas: en realidad tienes varias relaciones a lo largo de tu vida y, con suerte, puedes tenerlas con la misma persona.

Así, podrías ver que tu pareja está dedicada a su crecimiento personal, al mismo tiempo que apoyan el tuyo. Cualquier relación saludable a largo plazo requiere la capacidad de crecer y cambiar juntos. Cualquier persona con la que valga la pena casarse no se verá amenazada por tu dedicación a tus metas personales, sino que lo verán como una fortaleza.

Hacen sacrificios por ti, y estás feliz de hacer lo mismo.

Se mudarán de ciudad para vivir contigo si obtienes un nuevo trabajo o terminas la escuela de posgrado. Está feliz de dar el siguiente paso para una de tus oportunidades.

Cuando van en una nueva dirección, estás justo ahí, y viceversa.

10. Te tratan con amabilidad y generosidad

Esto puede parecer una obviedad, pero es muy importante como un aspecto fundamental de su relación. John Gottman, un famoso experto en relaciones, descubrió en su investigación que la amabilidad y la generosidad eran los dos rasgos principales que determinaban si una relación duraría. Si tu pareja tiene estos rasgos y te trata en consecuencia, esta persona puede ser la indicada.

Esto podría significar que incluso después de años juntos, todavía hacen pequeñas cosas caballerosas por ti. Como abrirte puertas, o llevarte hasta la puerta de tu casa cuando te duelen los pies después de usar zapatos ajustados todo el día y no puedes soportar caminar una cuadra más. Tu felicidad les importa.

Planean actividades que saben que disfrutarás. No dependen de ti para estar a cargo de todo, y recuerdan que dijiste que querías ir a ese nuevo restaurante o exhibición en el museo. Te hacen saber que están pensando en ti, ya sea que te envíen el enlace a un artículo genial que te gustará o simplemente te envíen un mensaje de texto de la nada, estás en su mente de una manera positiva.

11. Son abiertos el uno con el otro y honestos

Una forma en la que se puede decir que una persona es finalmente infeliz en su relación es si siente la necesidad de esconder muchas cosas de sus parejas, incluidas las cosas pequeñas. Si te encuentras con la necesidad de ocultar o justificar cosas tontas como el hecho de que compraste un artículo derrochador para darte un gusto después de una semana particularmente difícil, eso no es bueno.

Si pueden ser abiertos y honestos acerca de las cosas, y no sientes la necesidad de ocultarle nada a tu pareja, es una buena señal. Esto podría significar que son cercanos a tu familia y se han asegurado de que conozcas a la suya.

Llamarán a los miembros de tu familia sin dudarlo si se encuentran cerca de ellos. Simplemente tiene sentido que vayas a la fiesta de cumpleaños de su sobrino. Les confías a ellos tu familia y ellos te confían a ti la suya.

Tus otras relaciones con familiares y amigos también se vuelven aún mejores y más estables. Las parejas saludables apoyan nuestras otras conexiones y, a menudo, nos alientan a comunicarnos con amigos, priorizarlos y hacer tiempo para los aspectos de nuestra vida fuera de la relación que nos traen alegría.

También, te dejan desahogarte sin asustarte. A veces, cuando algo te frustra, solo necesitas repasarlo de nuevo. No se molestan por esto. No sientes que tienes que editar cuánto realmente te afectó el comentario pasivo-agresivo de tu amigo cuando hablas con él. Sabes que no pensarán que eres mezquino/a ni te juzgarán si estás molesto/a.

12. Se sienten como estar en casa

Si puedes ser completamente tú mismo/a y no tener que preocuparte por la ansiedad, toma nota de ello. No es un sentimiento de mariposas, sino una mayor sensación de comodidad a medida que crece la relación.

Las mariposas son para las primeras citas iniciales y eso es genial, pero debería convertirse en una sensación de tranquilidad. Como nadar río abajo. Si se siente como nadar contra la corriente, no estás en el camino correcto.

Esto podría significar que esta persona enciende la luz en tiempos de oscuridad para ti.

Independientemente de lo que te suceda en el mundo, te sientes seguro/a emocional, física y mentalmente con la sensación de que 'todo está bien en el mundo'.

No te avergüenzas de hablar de lo feliz que eres con tus amigos. Esta no es una relación en la que estés constantemente solucionando problemas con un mensaje de texto grupal o durante el brunch. Cuando hablas de esta persona, estás hablando de algo grandioso que hizo recientemente, o de lo agradable que fue tu fin de semana. ¡Estás enamorado/a, y estás tan feliz por eso!

Cuando piensas en casarte con ellos, la mejor parte no es la boda, es la idea de pasar la vida juntos. La boda es divertida, pero realmente no puedes esperar las dos semanas siguientes cuando tendrás tiempo de luna de miel ininterrumpida. Y, ya sabes, todos los días después.

4

Evaluando tu relación

ANTES DE BUSCAR una respuesta a si estás listo/a para casarte o no, debes mirar dentro de ti y la periferia de tu relación y responder la pregunta más pertinente: ¿te estás preparando para el matrimonio? Y antes de eso, ¿cuál es la diferencia entre una boda y un matrimonio?

Una boda es una oportunidad para ser una celebridad por un día, para disfrutar del brillo de los espectadores que te adoran, sin mencionar la oportunidad de organizar una gran fiesta. Sin embargo, mucho después de que las flores se hayan marchitado y tu vestido o esmoquin esté cubierto de polvo, tendrás que vivir con las realidades de la vida matrimonial.

. . .

Aunque el matrimonio puede enriquecer tu vida, también puede ser una fuente de dolor inmenso si te casas con la persona equivocada o si no estás listo/a para un compromiso. Las posibilidades negativas pueden hacer que la gente tenga miedo de casarse, pero el matrimonio sigue siendo una parte importante de la vida.

Si eliges la pareja adecuada con la que tienes química y compatibilidad, puedes tener esperanza y posibilidades positivas en tu futuro. ¡Casarte puede brindarte compañía, apoyo y un amigo para toda la vida!

Antes de casarte, debes encontrar las razones correctas para hacerlo y pensar en algunas preguntas clave. Puedes asegurar una buena base para tu nueva unión que te ayude a enfrentar juntos cualquier imprevisto.

¿Buscas señales de que estás listo/a? Comprueba si realmente quieres casarte. El matrimonio requiere esfuerzo y compromiso que debe durar mucho tiempo, así que cásate cuando realmente te sientas preparado/a para ello.

No consideres casarte porque tu pareja o tus padres quieren que te cases. Las circunstancias externas pueden hacerte sentir que quieres casarte, pero es tu decisión. Un matrimonio que se basa en tu deseo de estar en él es mucho más importante que complacer a los demás.

La primera pregunta que implica prepararse para este gran paso es preguntarte si eres financieramente independiente.

El momento de casarte debe determinarse no solo por el estado de tu relación, sino también por su situación en la vida o carrera.

Es aconsejable luchar por la independencia financiera mientras te preparas para el matrimonio, porque la autosuficiencia garantiza una transición fluida de la vida de soltero a la de casado y una mejor compatibilidad financiera de la pareja.

Especialmente para los muy jóvenes, el matrimonio significa la transición a la edad adulta. Si aún no eres un adulto independiente, tu transición a la felicidad conyugal puede ser accidentada, pues te enfrentas a una realidad con circunstancias sumamente diferentes a las que te has acostumbrado.

. . .

De igual manera, tu relación no tiene que ser perfecta antes de casarte, pero debe ser estable y razonablemente sana.

Algunas señales de que estás atrapado/a en una relación poco saludable incluyen, por ejemplo, una pareja que te agrede verbal o físicamente, una historia de deshonestidad o infidelidad que aún no ha sido resuelta, un historial de enfermedad mental no tratada o abuso de sustancias y serias dudas sobre el estilo de vida de tu pareja o si pueden vivir juntos.

Evalúa si tu relación cuenta con metas y valores compartidos, pues el matrimonio es algo más que un simple romance; es una sociedad, lo que significa compartir finanzas, metas, estilos de crianza de los hijos y perspectivas de vida. No tienes que estar de acuerdo en todo, pero es importante que tengan sueños similares para el futuro.

Algunos temas que absolutamente deben discutir antes de casarse incluyen si y cuándo tener hijos, y cómo piensan criarlos, sus valores religiosos y éticos, sus metas profesionales, cómo repartirán las tareas del hogar, cómo quieren resolver los conflictos y cuánto tiempo pasarán juntos, con amigos y con la familia. Piensen también en qué tan buenos son tú y tu pareja para establecer metas compartidas.

Un buen matrimonio se construye sobre una base sólida de confianza y apertura. Muchas parejas jóvenes piensan que la intimidad se refiere al sexo, pero la intimidad es más que solo sexo; también incluye la cercanía emocional.

Si no están listos para este tipo de intimidad, no están listos para casarse.

Las experiencias diarias de intimidad entre parejas aumentan la satisfacción de la relación y la hacen más plena para el individuo.

Debes de tomar muy en cuenta que no hay manera de irte.

Una unión así es para siempre. No es una gran fiesta seguida de "intentar" permanecer juntos. Si no estás seguro/a de poder quedarte con esta persona para bien o para mal, pase lo que pase, entonces no estás listo/a para casarte.

. . .

El matrimonio es inherentemente desafiante, y si tu respuesta a cada conflicto es alejarte, o si crees que algunos comportamientos deberían resultar en un divorcio automático, entonces casarte no es para ti. Enfrentarán desafíos en su vida juntos, y si no pueden superarlos, será poco más que otra estadística de divorcio.

Algo muy importante es tener límites personales saludables.

Es una de las verdaderas señales de que estás listo/a para el matrimonio si tú y tu pareja tienen límites personales saludables que mantienen con la otra persona. Crea una dinámica sana y respetuosa hacia lo que perturba la paz mental de la otra persona.

Si se están preparando para dar este gran paso, deben comunicar cuáles son las cosas que son un límite problemático para ti y tu pareja. Ser consciente indica tu respeto por el espacio y los límites de tu pareja.

Si estás buscando señales de que tu relación es lo suficientemente sólida para el matrimonio, observa cómo reaccionan tus seres queridos a tu relación con tu pareja.

· · ·

Tus amigos y familiares generalmente te conocen bien y se preocupan por tus mejores intereses: si apoyan tu relación con tu pareja y les gusta tu pareja, puedes considerar casarte con tu pareja con facilidad y comodidad. El voto de confianza de tus seres queridos debería quitarte las dudas que tengas sobre casarte con tu pareja.

Un rasgo importante a evaluar es si han pasado momentos difíciles juntos. Cuando te vayas a casar o estés considerando casarte con tu pareja, mira hacia atrás y analiza si tú y tu pareja han manejado momentos difíciles juntos.

El matrimonio se trata de pasar juntos buenos y malos momentos. Y si tú y tu pareja han sorteado juntos las malas tormentas y han fortalecido su relación a través de ellas, definitivamente están listos para casarse el uno con el otro.

¿Tú y tu pareja completan las oraciones del otro? ¿Puedes anticipar las reacciones de tu pareja porque las comprendes muy bien? Los ejemplos pueden parecer exagerados, pero si tú y tu pareja se entienden bien, entonces es una de las señales más importantes de que están listos para el matrimonio. Indica que pueden combatir cualquier posible malentendido en su vida avanzando a través del entendimiento mutuo.

¿Te sientes cómodo/a revelando tus defectos frente a tu pareja? ¿Y eres consciente de los defectos que tiene tu pareja? Nadie es perfecto, y negar tus defectos y los de tu pareja no los quita. Conocer los defectos individuales puede ayudarlos a tratarse mejor y encontrar formas innovadoras de ayudarse mutuamente. ¡Esto es lo que hará que su matrimonio esté listo!

Como lo hemos visto, una cosa que puede ayudarte también a determinar si estás listo/a para el matrimonio es cuánto te conoces a ti mismo/a. Solo una vez que sepas lo que quieres puedes decírselo a tu pareja, así que, al evaluar su dinámica como un todo, identifica qué tan bien te sientes contigo.

Recuerda que antes de casarte, lo ideal es que dediques algún tiempo a averiguar qué quieres de la vida, qué te gusta y cuáles son tus límites.

Tomarte el tiempo para comprenderte mejor a ti mismo/a te ayudará a ser un/a mejor compañero/a y cónyuge, y así hacer una evaluación objetiva de tu relación.

La comodidad es una gran parte de lo que hace un hogar, por lo que, si tienes dificultades para encontrar señales de que estás listo/a para el matrimonio, analiza tu nivel de comodidad con tu pareja. Si estás nervioso/a o ansioso/a cuando estás cerca de tu pareja, entonces debes suspender tus planes.

Esto puede ser causado por diversas razones, pero el punto es que debes sentirte como en casa y cómodo/a con la persona con la que te vas a casar, ya que caminar sobre cáscaras de huevo en el hogar no es una de las señales de que están listos para comprometerse.

El matrimonio es un mejor compromiso si tú y tu pareja tienen una visión compartida del futuro. Si te preguntas "¿estoy listo/a para el matrimonio?" luego analiza si tú y tu pareja han discutido lo que quieren para su futuro juntos.

Los hijos, el hogar, las mascotas, etc., son temas que debes discutir con tu pareja antes de casarte.

. . .

Una visión similar para su futuro juntos puede garantizar que se den pasos conscientes hacia un futuro consciente, y que la dinámica de la relación sea un poco más fácil de transitar pues existen objetivos en común.

Cuando te enamoras de alguien por primera vez, puedes ver un halo alrededor de su cabeza, una visión pura de la perfección. ¡Pero nadie ni ninguna relación es perfecta! Es más saludable casarte cuando tu relación es lo suficientemente madura para lidiar con las demandas emocionales, físicas, familiares y culturales del matrimonio.

Dale tiempo a tu relación para que se desarrolle o, de lo contrario, puede resultarles difícil transformarse de una relación relativamente nueva a las exigencias de su vida juntos.

Puede conducir a conflictos, malentendidos o mucho peor.

Si deseas saber cómo saber si estás listo/a para dar el sí, intenta evaluar si estás ansioso/a por la boda o por pasar el resto de tu vida con tu pareja. Las bodas son geniales, ¡pero el matrimonio requiere trabajo!

· · ·

Las bodas suelen ser un espectáculo en el que los novios son el centro de atención. Es una celebración que puede distraerte de la realidad de esta clase de unión.

Uno de los signos vitales de que estás listo/a para el matrimonio es que estás emocionado/a por estar casado/a con tu pareja, y la boda es solo una celebración de esto.

La forma en que las parejas pelean entre sí revela mucho sobre ellos. Si tú y tu pareja han encontrado una manera saludable de estar en desacuerdo, entonces esa es una de las señales definitivas de que están listos para el matrimonio.

Estar de acuerdo en estar en desacuerdo muestra que han encontrado una forma madura de resolver conflictos que fortalecen su respeto y comprensión el uno por el otro en lugar de disminuirlos.

¿Has conocido a la familia de tu pareja? ¿Te han explicado la dinámica de su familia? Las relaciones pueden ser entre dos personas, pero los matrimonios a menudo atraen a las familias al redil. Entonces, cuando estés tratando de entender cómo saber si están listos, analicen si tienen una comprensión decente de la familia del otro.

. . .

Deben saber en qué se están metiendo, ya que serás parte de la familia de tu pareja después del matrimonio, y ellos serán parte de la tuya. Sus costumbres, ideales y tradiciones serán parte de tu nueva vida.

¿Realmente amas a tu pareja? ¿Su presencia alegra tu día?

¿Se consideran un equipo que resuelve las cosas en conjunto? Si tu pareja es alguien con quien te encanta pasar tiempo, esa es una de las señales infalibles de que un hombre está listo para el matrimonio o una de las señales de que una mujer está lista para el matrimonio.

Si pasar tiempo con tu pareja te agota o te aburres, te pones ansioso/a o te pones furioso/a después de pasar un par de horas con ella, es posible que el casarse no sea para ustedes en este momento, y tal vez, ni siquiera la relación.

¿Es su relación lo suficientemente fuerte como para manejar discusiones sobre finanzas? El matrimonio implica tu vinculación directa a las finanzas de tu cónyuge, ya que tendrán gastos compartidos y un futuro compartido que desean asegurar financieramente.

¿Cómo saber que estás listo/a para el matrimonio? Analicen si conocen la situación financiera de cada uno, incluidos los ingresos, las inversiones, las deudas y las obligaciones hacia la familia. Sin estos, no podrán tomar una decisión informada sobre el matrimonio.

Saber cuándo casarse también puede ser una pregunta compleja, pero controlar la salud mental puede simplificar las cosas. Si estás en buena forma mental y tu relación contribuye a ello, y viceversa, están en una posición perfecta para casarse.

Sin embargo, si no estás en buena forma mental, es posible que desees tomarte un tiempo en lugar de actuar de manera impulsiva. También debes evaluar si tu relación contribuye o te causa angustia mental de manera significativa, ya que esa no es una buena base para su nueva relación.

El matrimonio significa diferentes cosas para diferentes personas, pero si han verificado las señales mencionadas a lo largo de estos capítulos, pueden comenzar a hacerse la idea de que su vida juntos comenzará con una nota saludable y fuerte.

Las señales de que están listos para el matrimonio pueden ayudar a resolver tus dudas y recordarte si tienes más trabajo por hacer en tu relación antes de decidir casarte. O puedes asegurarte que tú y tu pareja están destinados a pasar el resto de sus vidas juntos en matrimonio.

5

Preguntas importantes antes del paso final

PARA CUANDO TÚ y tu pareja se hayan vuelto lo suficientemente serios como para firmar un certificado, pueden suponer que saben todo el uno del otro. Sin embargo, las personas son un mundo, y todavía hay muchos temas de los que las parejas deben hablar, pero a menudo se olvidan de hacerlo, hasta que el camino hacia el altar queda atrás.

Debes asegurarte de hacer las preguntas correctas antes del matrimonio, y es probable que descubras necesidades, sueños y expectativas para su vida en común que no habían considerado durante el camino.

Muchas parejas bien intencionadas no saben de qué hablar antes de comprometerse.

. . .

Aunque tus objetivos y preferencias cambiarán con el tiempo, responder una especie de "cuestionario" previo al compromiso ahora puede ahorrarte algunos conflictos futuros. O bien, las preguntas al menos los prepararán para resolverlas juntos de manera efectiva.

Es mejor animarte a tener estas conversaciones incluso antes de que hayan llegado al punto de dar el anillo, porque puede ser muy difícil alejarte una vez que comienzas a planear una boda y te sientes emocionado/a, incluso cuando sabes que no compartes ideales básicos.

Muchos consejeros matrimoniales desearían poder trabajar con parejas antes de que se casen. La mayoría de las parejas que ven en terapia llegan con problemas que se han estado gestando durante años. La gente ve el matrimonio de manera diferente y tiene creencias y expectativas diferentes.

Desde dónde pasarán las vacaciones hasta cómo distribuirán su dinero, existen preguntas importantes que, aunque pueden parecer sencillas, se deben hacer antes de dar este gran paso, según los expertos.

- *¿Por qué casarse?*

Con tantas parejas hoy en día que eligen no casarse, ¿por qué casarse?

Los fuertes sentimientos románticos no deberían ser la única razón por la que nos casamos con alguien. Aquí es válido preguntarte (y a tu futuro/a esposo/a) también ¿cómo crees que el matrimonio contribuirá a tu relación? ¿Y a tu vida como individuo?

- *¿Cómo manejas el cambio y lo inesperado?*

Algo de lo que mucha gente no se da cuenta al casarse es cuán planificada tiene su vida. Cuando sucede algo que interrumpe ese plan, puede afectar la relación. Puede ser útil usar un ejemplo relacionado con algún problema anterior al considerar su respuesta.

- *¿Qué tan bien manejamos actualmente los desacuerdos entre nosotros?*

¿Alguno de ustedes es tan terco que parece que nunca puede comprometerse? ¿O está tan aterrorizado por los desacuerdos que nunca menciona lo que le molesta y huye del conflicto en una pelea? Estos son patrones problemáticos que deben resolverse antes del matrimonio.

- *¿Cuánto valoras el tiempo juntos, versus el tiempo separados?*

¿Esperará uno de ustedes hacer todo juntos como una unidad casada, mientras que el otro necesita mucho tiempo para él o ella? Cuando están saliendo, pasan mucho tiempo juntos, pero una vez que se establecieron en una rutina de casados, muchas personas descubren que extrañan su independencia, y pueden retroceder un poco.

- *¿Es el matrimonio de tus padres parte de tu inspiración para casarte?*

Si es así, ¿por qué? Y si no, ¿por qué? Es importante que hablen sobre cómo se ve una unión exitosa para cada uno de ustedes y los aspectos esenciales que su relación debería mantener durante el trayecto de casados.

- *¿Quieres niños?*

Sus respuestas pueden cambiar a lo largo de los años, pero aún es importante que las tomen como base ahora. Si una persona dice '100 por ciento quiero tener hijos' y la otra dice '100 por ciento no quiero', probablemente será imposible seguir adelante.

- *¿Qué pasa si no podemos tener hijos biológicos?*

¿Cómo te gustaría tratar los problemas de fertilidad? ¿Qué pasa si sucede un aborto espontáneo?

¿Y cuáles son sus sentimientos sobre la fertilización in vitro o la adopción de un niño?

- *¿Cómo ves a los niños encajando en nuestra vida?*

Hay terapeutas que cuentan que han tratado a muchas parejas que, una vez que tienen hijos, se olvidan de seguir con la relación. Una persona realmente anhela ese tiempo como pareja, y la otra está completamente enfocada en el niño. Eso puede crear mucha tensión para las parejas. Si la mitad de la pareja espera tener una noche sin hijos todas las semanas, es bueno saberlo ahora.

- *¿Cómo lo manejarás si nos distanciamos?*

El trabajo, los niños y la vida en general los distraerán de la parte de "pareja" de ser una pareja a veces. ¿Quién es más probable que suene la alarma? Y, ¿cómo te reconectarás?

- *¿Cómo esperas hacer frente a nuestros flujos y reflujos sexuales?*

Esta es una pregunta más productiva que "¿con qué frecuencia tendremos sexo?", porque esa frecuencia fluctuará con el tiempo. La satisfacción sexual puede correlacionarse con la satisfacción de la relación, por lo que es importante que las parejas estén más o menos en la misma página cuando se trata de lo que quieren de la parte sexual de su relación.

- *¿Cómo esperas satisfacer tus necesidades sexuales, si no las estoy satisfaciendo?*

Esto puede abrir la puerta a compartir sus puntos de vista sobre la masturbación, la pornografía o incluso la idea de la no monogamia consensuada, como un matrimonio abierto. Todo esto, de acuerdo a sus propios límites y deseos.

- *¿Cómo te imaginas pasar las vacaciones?*

¿Alguno de ustedes se imagina cada Navidad en la casa de sus padres, mientras que el otro sueña con un viaje a

Disney? Si son lo suficientemente serios como para pensar en caminar hacia el altar, probablemente ya hayan llegado a un acuerdo, pero uno de ustedes puede pensar que eso debería cambiar después del matrimonio, especialmente si tienen hijos.

- *¿Cuál es tu opinión sobre las vacaciones y con qué frecuencia te gustaría tomarlas?*

Si tomar unas vacaciones anuales es una prioridad, por ejemplo, deben saber que ambos deberán presupuestar ese gasto en el futuro.

- *¿Quieres ahorrar mucho desde el principio, o ahorrar en ráfagas para cosas como unas vacaciones o un televisor nuevo?*

Uno de ustedes puede suponer que buscarán una casa como recién casados, mientras que el otro se imagina viajes frecuentes y comidas agradables. Es sumamente importante que estén en la misma página en este aspecto.

- *¿Quieres cuentas bancarias separadas o compartir todos los activos?*

El acuerdo financiero de cada pareja casada es exclusivo de su relación. Una buena estrategia para muchas personas es tener una cuenta bancaria compartida para los gastos, pero luego designar una cantidad para depositar en una cuenta bancaria personal. De esa manera, puedes ahorrar todo el año y comprarte un juguete nuevo sin peleas.

- *¿Estamos de acuerdo en la división del trabajo en nuestra casa?*

Quién hace las tareas y con qué frecuencia es un problema constante que los terapeutas escuchan de los clientes. Se recomienda analizar lo antes posible quién será responsable de tareas como la contabilidad, la cocina, la lavandería y el trabajo en el jardín. Hablen sobre cómo manejarán la situación cuando uno de ustedes se olvide de completar una tarea que se les asignó.

- *¿Cuándo te sientes más amado/a por mí?*

Los ejemplos incluyen: "cuando me preparas el almuerzo", "cuando escuchas cómo estuvo mi día" o "cuando me das un gran abrazo". Pueden tomar en cuenta los lenguajes del amor para apoyarse a responder esta pregunta.

- *¿Cómo expresas el amor?*

De igual manera, hacer el test de lenguajes del amor puede ayudarte a encontrar el lenguaje para explicarlo. Completa esta oración: "Me siento más cómodo/a compartiendo mis sentimientos con mi pareja cuando él/ella _____..."

Para esto, trata de recordar un momento en que abordaste una conversación difícil y qué ayudó a que se sintiera más fácil de abrir. Ejemplos: "cuando estamos cenando fuera de casa", "cuando estamos libres de distracciones" o "cuando hemos dormido lo suficiente".

Y continuando, sigamos: "Así, siento que demuestro que le amo cuando _____...". En este punto podrás darte cuenta de si tus esfuerzos coinciden con las necesidades de tu pareja o es momento de hacer algunos ajustes.

- *¿Cuándo te sientes inseguro/a compartiendo tus sentimientos conmigo?*

Esto te da una gran cantidad de información sobre el nivel de seguridad emocional y cercanía en la relación, lo cual es vital para una unión saludable.

- *Cuando reflexionas sobre tu infancia, ¿qué recuerdos te traen más alegría? ¿Cuáles traen más dolor?*

A veces, nuestros esfuerzos por evitar el dolor crean distancia en una relación. Por ejemplo, pueden surgir conflictos o malentendidos si una persona proviene de una familia donde los cumpleaños y las festividades eran una gran fuente de alegría, mientras que la otra asocia esas ocasiones con recuerdos infelices.

- *¿Respetamos apropiadamente cualquier diferencia religiosa, espiritual o política entre nosotros?*

Las parejas no necesitan estar completamente de acuerdo en todo. Pero necesitarás encontrar una manera de respetar las diferentes creencias de los demás e identificar en qué debes estar de acuerdo. ¿Están alineados con tu visión del mundo y cómo crees que se debe tratar a las personas? ¿Están de acuerdo con los temas políticos? ¿Y qué tan importante es para ti alinear tus sistemas de creencias?

- *¿La carrera de quién tendría prioridad, si fuera necesario?*

Uno de ustedes puede recibir una oferta de trabajo que requiera una mudanza al otro lado del país. O la pérdida de una persona al cuidado de los niños puede requerir que uno de los padres deje de trabajar, como experimentaron muchas familias en la pandemia de Covid-19. ¿Apoyarías a tu pareja que renuncia a su trabajo estable para seguir sus sueños, incluso si eso significa sacrificar los ingresos familiares?

Obtener una comprensión sólida de las creencias de tu pareja sobre sus dos carreras ayuda a evitar que te sorprendan en el futuro, si en este momento te das cuenta de que el crecimiento de su carrera tiene prioridad sobre el tuyo o viceversa.

- *¿Alguno de nosotros tiene algún secreto importante que aún no hayamos compartido?*

Tú y tu pareja deben decidir si algunos secretos deben guardarse, pero te arriesgas a que lo descubran más tarde.

Existen parejas que han necesitado ayuda para superar la revelación de deudas no compartidas antes, infidelidades pasadas, embarazos anteriores y traumas sexuales infantiles.

. . .

Es mejor ser tu verdadero yo auténtico y saber que eres completamente aceptado/a, independientemente de tu pasado.

- *¿Tienes la disposición de ir a terapia o buscar asesoramiento, si lo necesitamos y cuando lo necesitemos?*

La cantidad de personas que dicen que su pareja 'no cree en la consejería' o se niega a 'contarle sus problemas a un extraño' es demasiado alta. Mientras estén en ese brillo previo al anillo, acuerden un plan sobre qué hacer si las cosas se ponen difíciles en el futuro.

Todas estas preguntas son sumamente importantes de contestar, pues las respuestas podrán iluminar el camino a tomar esa decisión tan importante que es el compromiso para el matrimonio. Hay asuntos que podrían romper absolutamente la relación y es mejor saberlos en una etapa temprana, antes de dar pasos agigantados.

6

Cosas que saber sobre el matrimonio

Ya sea que todavía estés saliendo, estés recién comprometido/a o a punto de casarte, toda persona debe saber algunos datos importantes sobre el caminar hacia al altar. Saberlos asegurará que recorras el camino hacia la felicidad conyugal con muchos menos obstáculos en el camino.

Para comenzar, si tú y tu pareja no se comunican bien, deben ponerse a trabajar. La comunicación no se vuelve más fácil con el tiempo y, a medida que la vida se vuelve más seria (piensa en el trabajo, el dinero, los hijos), casarte con una persona con la que no puedes hablar es un matrimonio que no debes comenzar. Antes de comprometerte, asegúrate de que tú y tu pareja puedan hablar de cualquier cosa, y asegúrense de hacerlo.

· · ·

Por otro lado, tu propuesta de compromiso y tu boda pueden no ser mágicas. Claro que estos dos eventos sin duda serán especiales y memorables. Pero hay una advertencia: has pasado tanto tiempo construyendo cada momento en tu cabeza que cuando llegan esos momentos, pueden ser tan incómodos e imperfectos como cualquier primera experiencia. Sin embargo, puedes relajarte: los "defectos" de sus historias terminarán siendo sus partes favoritas para contar.

Puede que no te guste tu anillo de compromiso. Algunas parejas deciden escoger juntas el anillo de la novia, pero otras buscan una sorpresa. Si quieres un momento de sorpresa que te deje boquiabierto/a, corres el riesgo de no estar loco/a por tu anillo. Si no quieres correr el riesgo de obtener o dar un anillo que no te encanta, considera discutir una propuesta con un anillo familiar o una banda sólida, o intenta dar pistas o discutir los detalles.

Volviendo a la oportunidad de relajarte, si no te gusta tu anillo de compromiso, ¡puedes cambiarlo! No hay razón por la que sentirse mal si a la persona que recibe el anillo no le encanta su anillo de compromiso y quiere cambiarlo, solo es importante que la forma en que esta persona lo hace saber sea amable.

· · ·

Por ejemplo, se puede decir algo como "después de usarlo por un tiempo, creo que el oro blanco encaja más con el resto de mis joyas" en lugar de "¡Odio el oro amarillo!", y eso hará el mismo trabajo.

Es importante establecer que algunas cosas cambiarán cuando te comprometas. En el momento en que cambies tu estado de Facebook a "comprometido/a", descubrirás que la gente respetará más tu relación (¡es una gran sensación!).

Comenzarás a ver el dinero de manera diferente y ajustarás tus hábitos de gasto sabiendo que una boda es inminente, te sentirás más cerca de tu prometido/a y no considerarás tonto mirar revistas de bodas.

Por otro lado, otras cosas no cambiarán en absoluto una vez que estés comprometido/a. Tus desacuerdos no desaparecerán mágicamente (¡aunque nunca más discutirás sobre comprometerte!), y tu vida cotidiana tampoco cambiará mucho.

Algo que es cierto es que todos querrán verte en el momento en que te comprometas. Puedes subir a redes sociales imágenes de tu anillo o enviar tantos correos electrónicos como desees, pero la gente va a querer un tiempo real y en vivo. Para evitar la sobrecarga del calendario (y el estrés), intenta programar una reunión masiva para que todos tus amigos y familiares locales puedan celebrar a la vez.

Y es aquí cuando entenderás que, aunque tus conocidos casados han sido tu modelo de relaciones, para bien o para mal, los matrimonios de tus amigos, hermanos y padres serán diferentes a los tuyos.

Independientemente de cuánto tú y tu mejor amigo actúen como gemelos (o incluso si tienes un gemelo), tu relación será completamente diferente a la de ellos. Observa las interacciones de los demás y toma nota de sus consejos, pero recuerda que tú tienes tu propia pareja y tus propias dinámicas.

Es posible también que tengas que esforzarte para mantener una vida separada de tu pareja. La dependencia es tentadora y, a menudo, fácil. Cuando te cases, es probable que estés buscando una vida cómoda con tu compañero/a de vida, pero tu vida independiente y tus amistades pueden sufrir como resultado. Mantenerte al día con ellos requerirá trabajo adicional, así que fortalece tus relaciones personales más importantes ahora.

Puede que olvides cómo ser espontáneo/a. Tener una rutina para todo no deja lugar para la espontaneidad, pero el hecho de que tengas algunas rutinas necesarias no significa que no puedas ser espontáneo/a. Una vez que estén comprometidos, caer en la rutina puede volverse aún más probable, especialmente si aún no viven juntos.

Mientras sigan saliendo, practiquen ser espontáneos para asegurarse de que el romance se mantenga vivo.

Y, por el otro lado, no aprenderás ciertos hábitos sobre tu pareja hasta que vivan juntos. Si aún no has vivido con tu pareja, en realidad no puedes saber todo sobre él o ella, como si es derrochador/a o frugal en casa, con qué frecuencia habla con amigos y familiares, si ayudará en la casa y si en realidad se acuesta a la misma hora que tú.

Y a este punto, debemos establecer algo que seguramente sabes, pero es importante recalcar para evitar que construyas un futuro sobre una idea errónea: casarte con el objetivo de salvar tu relación, no salvará tu relación. Punto.

. . .

Ahora, una vez que estés comprometido/a, la vida cambiará de manera notable. Un compromiso breve es una buena idea solo si eres una persona muy estresada que sabe que se angustiará por los detalles hasta el último minuto, cambiará su lista de invitados o se negará a hacer la decisión final sobre las flores, los vestidos de dama de honor, etc. Ahórrate la ansiedad y los miles de cambios, y cásate antes.

Podrías considerar un compromiso más prolongado si estás buscando una casa mientras intentas planear una boda, tienes un bebé o estás involucrado/a en cualquier otro momento de vida que consume mucho tiempo.

La planificación de la boda requiere muchas noches y fines de semana, y si vas a esforzarte más allá de tus límites o reducir activamente la calidad de tu vida para casarte antes, reconsidera tu fecha objetivo: para una mejor boda y mantener la cordura.

Otro dato importante: añade tu anillo a tu póliza de seguro.

Después de llamar a mamá para decirle que estás comprometido/a, llama a tu agente de seguros y agrega tu anillo de compromiso a tu póliza de propietario de vivienda.

· · ·

Tu mirada resplandeciente de recién comprometidos desaparecerá si pierdes tu anillo, la piedra se cae o te lo roban.

Contrario a lo que mucha gente piensa, casarse joven tiene muchas ventajas. Por ejemplo, tus amigos aún no han tenido cuatro veranos de mil millones de bodas a las que asistir. Y tu reloj biológico no está sonando constantemente en tu oído, por lo que tener hijos no está necesariamente en tu mente, ni en la de todos, las 24 horas del día, los 7 días de la semana.

Sin embargo, esperar hasta que seas mayor también tiene muchos beneficios.

Aplazar el casamiento hasta que estés más estable financieramente puede marcar una gran diferencia tanto en la planificación de la boda como en el mapa de tu vida posterior.

Es probable que tus amigos también estén en un lugar mejor cuando esto te suceda y probablemente puedan viajar y apoyarte con sus regalos y permitirse participar en la boda.

. . .

También pueden ser tomados más en serio como pareja con potencial para durar, aunque esto no es para nada definitivo.

Una vez que elijas la fecha de la boda, apégate a ella. La fecha de tu boda es el primer aniversario que eliges tú mismo/a con tu pareja, por lo que debes asegurarte de hacerlo bien. Así que adelante, tómate tu tiempo para seleccionar la fecha perfecta, ¡pero no lo cambies!

Es un gran problema si les pides a los miembros de tu fiesta de bodas, que solicitaron tiempo libre y que también pueden estar involucrados en las bodas de otros amigos, que cambien la fecha: si cambias a un fin de semana diferente, es posible que ni siquiera estén disponibles.

Debes saber que sí, te preocuparás por ese pequeño detalle de la boda del que juraste que nunca lo harías. No estamos diciendo que terminarás en un *reality show* o expuesto/a en redes sociales, pero no importa cuánto luches, probablemente te preocupes por el ancho de las rayas en las servilletas y exactamente cuántas peonias hay en los centros de mesa. Al final de la planificación de la boda, podrás detectar la diferencia entre la seda cruda y el shantung a 10 metros de distancia.

. . .

Tu pareja también comenzará a preocuparse por los detalles de la boda. Especialmente si eres mujer: los hombres también quieren participar en la planificación de la boda, y pueden ofrecer algunas ideas excéntricas. El esposo de una conocida sugirió una barra de helados para hacer su propio helado para sus nupcias… Esta idea no llegó al corte final, ¡pero demostró que quería ser incluido!

Y, así, muchas personas (que pueden no tener relevancia en tu boda) ofrecerán sus consejos de planificación de bodas.

Ese anillo nuevo y brillante en tu dedo es un faro para recibir consejos no solicitados. Recibirás consejos de planificación de parientes, proveedores y la persona con la que te sientas al lado en tu viaje de trabajo, pero no tienes que tomar nada de eso.

Ahora, enfoquémonos en las mujeres y hablemos sobre el vestido de novia: No vayas a comprar tu vestido de novia sin hacer tres cosas clave: primero, asegúrate de conocer realmente tu presupuesto para no probarte un vestido que finalmente no puedas pagar. En segundo lugar, asegúrate de conocer tu lugar para elegir un vestido apropiado. Y tercero, elige sabiamente tu compañía (no vayas con todo un séquito; demasiadas opiniones te volverán loca).

Cuando planifiques una boda, obtén todo por escrito. Evita sorpresas desagradables en el presupuesto de la boda al obtener todos los arreglos en papel. Reitera los acuerdos orales, especialmente con los proveedores que podrían no darte un contrato, como un maquillador, para asegurarte de que todos estén en la misma página y para asegurarte de que todos sean honestos.

Además, dale a tu fotógrafo de bodas una lista imprescindible. ¿Algo que algunas parejas desearían haber hecho? El darle a su fotógrafo una lista de fotografías para tomar. Puedes buscar junto con tu pareja blogs de bodas y sitios como Pinterest para inspirarse, y reunir lo que se debe hacer (y tal vez algunos que no se deben hacer) con las fotos de la boda para el día de su boda, para que el fotógrafo no se pierda nada.

Recuerda también registrarte para recibir regalos... y volver a registrarte.

Y luego hacerlo de nuevo. Una vez que te registres para recibir regalos de boda, los invitados comenzarán a comprar artículos y el registro se agotará. En lugar de obtener cosas que no pediste, se recomienda reabastecer tu registro con frecuencia, especialmente en el momento en que salen las invitaciones para cualquier fiesta previa a la boda (fiesta de compromiso, despedida de soltera) y para la boda.

Y hablando de regalos, vas a necesitar un montón de notas de agradecimiento. Abastecerte antes de que comiencen las fiestas, las despedidas de soltero y las despedidas de soltera.

Querrán escribirlos justo después de cada evento, para que la tarea no parezca tan desalentadora.

Pasa la noche antes de tu boda con tus mejores amigo/as o hermano/as. Hagan algo discreto, como tener una fiesta de pijamas (¡en serio!), o ir de compras para la luna de miel hasta que cierre el centro comercial, o vean una película.

No pases la noche antes de tu boda bailando hasta que salga el sol o probando una comida nueva y exótica que nunca has probado o, Dios no lo quiera, teniendo tu despedida de soltero/a. ¡Duerme, duerme, duerme!

Puedes pensar que esto es aburrido, pero de verdad lo agradecerás cuando llegue el día.

Relájate el día de tu boda. Seguro habrás estado estresado/a durante meses, así que tómate este día para ti y tu pareja y confía en que han tomado todas las decisiones correctas, y dejen que todos los demás manejen cualquier problema que llegue.

Deben tomarse unos momentos durante la boda para reflexionar como pareja. Tu boda pasará volando y querrás tomarte un minuto o dos para sentarte y asimilar todo lo que ha sucedido. Es uno de los únicos momentos en tu vida en que todos los que amas estarán en un solo lugar, así que disfrútalo.

Otra realidad es que puedes llegar a experimentar "depresión post-nupcial". No, no es exactamente un diagnóstico clínico, pero cuando has invertido tanto tiempo soñando con tu gran día y planificando con tanta intensidad emocional, es difícil ver todo el asunto ir y venir en solo unas pocas horas. Una forma de superar la tristeza podría ser centrándote en un nuevo proyecto, por ejemplo, decorar tu apartamento.

· · ·

Y sí, la gente comenzará a preguntarte sobre bebés tan pronto como te cases. Incluso pueden comenzar a insinuarlo en la recepción de tu boda (y algunos de estos comentarios pueden ser más, digamos, sutiles que otros).

De igual manera, los desacuerdos previos a la boda seguirán apareciendo. Así como tus peleas previas al compromiso no desaparecerán una vez que tengas el anillo, tampoco desaparecerán las cosas con las que te tropieces una vez que estés casado/a. La buena noticia es que, cuando estás casado/a y estás en ello para siempre, las cosas triviales en realidad parecerán triviales.

Así, por ejemplo, tu pareja puede quejarse de sus nuevos suegros... pero los aguantará. Si te casaste con una buena persona (¡y confiamos en que así sea!), tu pareja pasará tiempo con la familia con la que se casó, los ame o no tanto como tú.

Un factor importante: tienes que hablar de dinero. Comprometerse el uno con el otro también significa comprometerse con decisiones financieras a largo plazo, y si tú y tu pareja no están de acuerdo con el dinero, enfrentarán una batalla cuesta arriba hasta que la muerte los separe.

. . .

De igual manera, pueden comenzar a pelear por pequeñas cosas que antes nunca les importaron. Durante el primer año de convivencia, las parejas de recién casados atraviesan algunas transiciones importantes únicas.

No serán la primera, ni la última, pareja que no puede pasar la lista de películas por ver sin pelearse, así que simplemente relájense con un masaje en pareja o un paseo en bicicleta, y luego hablen sobre su estilo de comunicación. En pocas palabras: a ninguno de los dos les gusta discutir, y con un esfuerzo consciente, superarán el bache.

También, puedes sentirte perseguido/a por la unión de tus padres. Independientemente de que jures que no te pareces en nada a tu madre, o que tu pareja no podría recordarte menos a tu padre, las parejas sienten presión por las expectativas derivadas del matrimonio de sus padres. ¿La solución? Solo tienes que hablar.

Y sí, puede que comiences a beber más una vez que estés casado/a, pero no es porque seas infeliz. Los sociólogos descubrieron que debido a que los hombres tienden a beber más que las mujeres, las mujeres casadas a menudo terminan consumiendo más alcohol que las mujeres solteras porque sus maridos lo hacen y pueden hacerlo como pareja.

Descubrirás cosas sobre tu pareja que no sabías antes... y pueden dejarte rascándote la cabeza preguntándote: "¿Quién es esta persona en mi casa?" Bueno, has cambiado con los años, y eso significa que tu pareja también. Es algo bueno, y es parte del descubrimiento del matrimonio, y es probable que él o ella estén pensando lo mismo de ti.

Puede que comiencen a salir con otras parejas con más frecuencia. Un poco raro, pero sucede. Pero si no todos tus amigos comienzan a casarse al mismo tiempo que tú, ¡no los olvides! Es fácil quedarse encerrados en su dinámica de pareja, intenten recordar que ya tenían una vida antes del matrimonio.

Otro dato cierto, es que su vida sexual puede ralentizarse. No puedes ser apasionado/a cada minuto de cada día, punto. Parece que las parejas no saben cómo hacer la transición de la emoción de casarse y estar eufóricamente enamorados el uno del otro al ritmo más realista de la vida cotidiana. Solo sé realista con tus expectativas y regresarás a una rutina que se sienta como la propia, ya sea sexo todas las noches, las mañanas de fin de semana, lo que sea que funcione.

De igual manera, tus niveles de estrés pueden ayudar, o perjudicar, tus posibilidades de éxito en el matrimonio.

Deben apoyarse mutuamente, no se permiten regaños, sino que es un dato respaldado por la ciencia.

Un estudio de la Universidad de Tennessee, Knoxville, reveló que un esposo estresado que sentía que su esposa lo "regañaba" mostraba una disminución de la satisfacción en la relación.

Sin embargo, aquellos que estaban estresados y tenían una pareja solidaria a su lado dieron el visto bueno a la satisfacción de la relación.

Tendrán que hacer cosas poco atractivas entre ustedes, como repartirse las tareas del hogar, drenarse ampollas o comprar artículos de cuidado personal menos que glamorosos (cariño, necesito una caja de tampones súper plus, por favor).

Y al final del día, de la semana, del mes y del año, seguirán estando casados... y seguirán amándose el uno al otro de la misma manera. Sin embargo, todos tienen su punto de asco, y el matrimonio no significa que tengas que perder el tuyo por completo por amor, por lo que mantener algunos límites intactos está bien.

Tocando temas más administrativos, si deseas cambiar tu apellido, tendrás que hacer muchos trámites. Tendrás que cambiar tu licencia, tarjeta de Seguro Social, pasaporte, tarjetas de crédito, información del IRS, etc. Si no tienes ganas de hacer el trabajo por tu cuenta, existen servicios externos que te ayudarán a hacerlo por una cierta tarifa.

Y, por otro lado, si te encuentras en un país que maneje esta costumbre, si no deseas cambiar tu apellido, tendrás que responder muchas preguntas.

"Entonces, ¿no vas a tomar su apellido? ¿Por qué? ¿No respetas la tradición? ¿No consideraron cómo será que el bebé tenga un apellido diferente al de su madre? ¿No estás completamente comprometido/a con el matrimonio? ¡¿No se confundirá el cartero?!" Sí, cosas así.

. . .

Otro tema con las familias es que dividir las vacaciones puede ser un calvario. En un mundo perfecto, ambas familias se unirían para cada día festivo, pero no debes contar con ello. Si ambas familias son locales, pueden considerar pasar parte del día con cada familia. Si eso no es posible, es mejor otorgar un día festivo a una familia y pasar otro con el otro lado de la familia, o considerar simplemente alternar años.

Puede que tengan que programar citas, literalmente. En la bruma de la vida diaria, la noche de la cita puede quedar en el camino. Si sucede con demasiada frecuencia, comenzarán a perder su identidad como pareja y, en consecuencia, su romance. Saquen su agenda (iPad, Google Calendar, teléfono, lo que sea) y bloqueen una fecha para salir por la noche.

Esta es la pregunta más común que te harán: ¿Estar casado/a se siente diferente? Incluso años después de tu boda, la gente te seguirá haciendo esta pregunta... Y aunque pase el tiempo, seguramente no encontrarás una buena respuesta.

A pesar de todos estos datos, que pueden llegar a ser abrumadores, lo más importante es recordar que tu pareja debe hacerte sentir como una mejor persona. Según un estudio de la Universidad Estatal de Nueva

York en Stony Brook, los matrimonios que duran son aquellos en los que tu pareja te ayuda a ampliar tu definición y valor de ti mismo.

Y nada podría ser más cierto.

7

Razones para no casarte

SE SUPONE que todo el mundo crece fantaseando con conocer a su alma gemela y soñar con el día perfecto de la boda antes de cabalgar hacia el ocaso de la felicidad conyugal de por vida. Noticia de última hora: el matrimonio no es para todos.

Ya sea que simplemente no creas que es crucial para tu felicidad, no quieras gastar el dinero o simplemente no creas en ello (por cualquier motivo), decidir no casarte está perfectamente bien. Antes de firmar esos papeles, deberías poder detectar las señales de que esta larga tradición no es para ti.

La primera gran razón es, que simplemente, no crees en eso.

.   .   .

Algunas personas consideran que el casarse es poco más que un papel, y otras piensan que es la única manera de comprometerse de verdad. Y no hay nada de malo en ninguna de las dos opiniones.

Muchas personas sienten que pueden casarse de corazón y no necesitan un acuerdo legal para confirmar su amor.

Temen que solo complique las cosas al hacer que se mezclen propiedades, activos e impuestos en lugar de su compromiso sincero con esa otra persona. Esto podría ser un factor clave para detener una relación.

Bien puede ser que nunca has querido casarte. Si bien algunas personas crecen soñando con su boda perfecta hasta el vestido y los colores del tema, esa no es la norma para todos. Si no eres alguien que ya tiene un tablero de *Pinterest* lleno de todo lo que deseas en tu día especial, y no es algo que te entusiasme en el corto plazo, puedes disfrutar de una relación sin los "sí, acepto".

O tal vez simplemente no estás de acuerdo con la definición de matrimonio. Este evento tiene una historia bastante colorida, algo con lo que no todos están de acuerdo porque no aceptan el contexto políticamente.

Algunas personas sienten que, históricamente, el matrimonio ha sido una forma en que la sociedad reprime a ciertos grupos. Por ejemplo, en un momento algunas mujeres fueron tratadas como propiedad de sus maridos y no se les permitió votar. Y en muchos países, las parejas homosexuales todavía no pueden casarse legalmente.

Algunas personas no quieren participar en una institución que fomenta este tipo de discriminación.

Puede que ni siquiera te gusten las bodas. Si sientes una sensación de pavor en el instante en que abres un correo y descubres que es una invitación de boda, probablemente no sea secreto que no eres precisamente fan de las bodas. Si ni siquiera te gusta ir a las bodas de otras personas, tampoco te sientas mal por no querer una propia.

O, sencillamente, no sientes que el casarte agregue valor a tu vida. Entre las razones amorosas y los beneficios fiscales, hay muchos atractivos para el matrimonio. Pero si no sientes que casarte agregaría algún valor a tu vida, no hay razón para complicar las cosas. Sigue allanando tu propio camino y estarás bien.

Esto se relaciona con que no seas una persona sumamente tradicional.

Algunas personas son increíblemente tradicionales y viven según las reglas que han guiado a la sociedad por lo que parece una eternidad, y el matrimonio es una gran parte de esa tradición. Si no sientes que compartes esos mismos valores tradicionales, quizás una boda no sea algo que te veas haciendo y serías mucho más feliz simplemente viviendo la vida sin documentos legales.

A algunas personas les encanta sentarse y repasar cada detalle de su boda, desde los arreglos florales hasta la lista de reproducción del DJ. Sin embargo, si no eres un/a planificador/a, podrías tener un problema real: casarse requiere mucha paciencia y mucho trabajo. Si prefieres no pasar todo el estrés que conllevan las listas de verificación de la boda, y no te gusta la idea de contratar a alguien para que lo haga por ti, no estás solo/a. Básicamente se convierte en un segundo trabajo.

· · ·

Incluso es válido que no quieras el estrés. Se supone que las bodas son sobre el amor, pero muchas veces hay mucho estrés detrás de todas esas sonrisas. Si no manejas bien la presión y tratas de mantener tu vida lo más relajada y libre de estrés posible, es posible que casarte no sea lo que más te gustaría. De hecho, podría convertirse fácilmente en una pesadilla total.

También, es posible que simplemente quieras ahorrar dinero.

Seamos honestos: las bodas son caras, y no es una locura no querer gastar los ahorros de toda tu vida en un solo día.

Teniendo en cuenta que el costo promedio de una boda en los Estados Unidos es la nada despreciable cantidad de $33,391 dólares, que es una buena parte del pago inicial de una casa, decidir como pareja no casarse para poder mantener su dinero en el banco es una decisión inteligente.

O, no quieres acumular más deudas. A pesar de lo grandiosas que son las bodas, los aspectos económicos están bastante fuera de control. Claro, puedes ir al juzgado y casarte sin apenas gastos, pero planificar una gran ceremonia te costará miles y miles de dólares, algo que algunas personas deciden evitar por completo para no endeudarse aún más.

Es válido que prefieras gastar tu dinero en viajar. Algunas parejas deciden ahorrar y gastar todo el dinero que tanto les costó ganar en su boda, solo un día de toda su vida. Si, en cambio, prefieres gastar esos $30,000 (o más) en otra cosa, como viajar por el mundo y tachar lugares de tu lista de deseos, ¿por qué no? No hay razón para sentir que necesitas gastar tu dinero en un fotógrafo y DJ si prefieres gastarlo de mochilero/a por Europa.

O bien, tal vez tú no sientas la necesidad de demostrar tu amor. Las bodas tienen un propósito: además de unir fuerzas con otra persona de por vida, también les muestran a todos los que son importantes en su vida cuánto se aman.

Algunas personas no ven la necesidad y están bien comprometiéndose con alguien sin la muestra social de afecto.

Puede que quieras tu libertad. Cuando te casas, estás legalmente comprometido/a con una sola persona para siempre. Para algunos, eso suena increíble, pero para otros, no tanto. Si deseas mantener tu libertad, el matrimonio podría no ser lo mejor para ti. Evitar el papeleo significa que puedes seguir haciendo lo que quieras, cuando quieras, sin tener que pedir permiso a nadie más (aunque eso no significa que puedas faltar el respeto a tu relación actual).

Y un factor relacionado es que te gusten las cosas como son.

Si las dinámicas actuales en tu relación se sienten bastante bien como están, puede que te preguntes ¿por qué dar un gran paso y casarse? Hay una expresión: si no está roto, no lo arregles. Algunas personas sienten que, si su relación es feliz y funciona, no necesitan complicarla con repercusiones legales y una ceremonia que valide su relación desde el exterior.

La confianza es muy importante en las relaciones y si tienes problemas de confianza, probablemente no deberías dar este gran paso. Desafortunadamente, si es algo que perdiste en el pasado debido a que un compañero te traicionó, ya sea por engaño o por alguna otra razón, puede ser muy difícil encontrarla nuevamente en el futuro.

· · ·

Si tus problemas de confianza te dificultan comprometerte con una pareja a través de algo tan serio como el matrimonio, no sientas la necesidad de realizar una ceremonia. Hay mucho tiempo en el futuro si cambias de opinión.

Tu problema de confianza se puede manifestar, por otro lado, en que no quieres ser el centro de atención. Cuando se trata de bodas, hay dos personas en las que todos los ojos están puestos todo el tiempo: la novia y el novio.

Mientras que a algunas personas les encanta saber que serán el centro de atención y que tendrán invitados de todas partes para celebrar su amor, otras prefieren meterse en un agujero y no tener una pequeña charla incómoda con miembros de la familia que no han visto o de los que no han oído hablar en años.

Por otro lado, puede que no tengas una verdadera razón para querer casarte.

Cuando la mayoría de las personas deciden casarse, tienen en mente una razón muy específica: por lo general, quieren legalizar el amor por su pareja. Sin embargo, eso no significa que todos se sientan de la misma manera. Si no tienes una razón para querer casarte, no sientas que tienes que hacerlo. No es un requisito para vivir una vida feliz y plena, incluso si tus amigos lo hacen parecer así.

Eso también podría relacionarse con que no estás seguro/a de la otra persona. El hecho de que estés con alguien no significa que debas casarte con esa persona. Si han estado juntos por bastante tiempo, pero aún no están completamente seguros de pasar el resto de su vida en matrimonio, no se apresuren a ir al altar. Simplemente disfruten estar juntos y vean a dónde los lleva su relación.

Algunas personas se enamoran de otra persona y quieren pasar su vida haciéndola feliz. Luego los demás tienen otro amor verdadero: su trabajo. Si prefieres dedicar tu tiempo a avanzar en tu carrera en lugar de en tu relación, sigue siendo un/a jefe/a total; no hay nada de malo en elegir tu pasión por encima de caminar hacia el altar.

También es válido que no necesites a nadie que te complete. Básicamente, todas las comedias románticas giran en torno a alguien que encuentra a la persona que los hace sentir completos (puedes agradecer a Tom Cruise en Jerry Maguire por la cita icónica de "tú me completas").

Los románticos empedernidos del mundo no quieren

nada más que compartir su vida con su alma gemela, pero si no sientes que necesitas a alguien que te complete para ser feliz y sentirte satisfecho/a con tu vida tal como es, no sientas que algo anda mal contigo. Está totalmente bien ser tu propia alma gemela.

En esta misma línea, es una posibilidad que te encante ser independiente. La independencia es una cosa increíble. Si eres alguien a quien le encanta cuidarse, apoyarse y estar solo/a, y no quieres que nadie más lo haga por ti, ¿por qué casarse? No hay nada de malo en contentarse con "yo, yo y yo".

Es posible que no te guste la idea de ser esposa o esposo. Algunas personas anhelan finalmente poder llamarse a sí mismas esposa o esposo, y otras se atragantan un poco cada vez que lo escuchan. Si no crees que el título suena bien y prefieres quedarte como estás, probablemente sea una señal de que no deberías caminar por el altar.

Por otro lado, más allá de tu independencia, puede que hayas sido testigo de los inconvenientes del matrimonio. Si estás realmente familiarizado/a con el divorcio, sabes cuánto puede afectar y devastar a una familia, especialmente cuando hay niños involucrados.

. . .

Después de experimentar algo así de primera mano, no es raro querer evitar el riesgo de pasar por algo similar en el futuro y, en cambio, simplemente continuar construyendo tu propia relación feliz sin un matrimonio debido a eso.

O tal vez, no quieres ser una carga para otras personas. Las bodas cuestan mucho dinero a los novios, pero no son los únicos que reciben un golpe financiero. También se espera que los padres de la novia y el novio aporten algunos fondos considerables, las damas de honor compran vestidos caros y los costos de viaje no son algo barato.

Si sientes que no vale la pena cargarte a ti mismo/a o a las personas que amas con estos gastos y esfuerzos, y prefieres simplemente no casarte, probablemente ahorrarás miles de dólares a todos en el tablero.

O, simplemente, quieres pasar tu tiempo en otras cosas. El año anterior a su boda básicamente implica una cosa: planificación, planificación y luego más planificación. Así que cualquier poco de tiempo libre que tengas se destina instantáneamente a tachar todas las tareas pendientes de tu lista para la boda. Si no quieres que tu boda se apodere de tu vida y prefieres dedicar tu tiempo a otras cosas, no te sientas culpable.

. . .

Pasando a temas más complejos, puede que te estés resistiendo a que tu pareja sea quien es. Lamento decírtelo, pero si estás cruzando los dedos esperando que el matrimonio sea lo que finalmente convierta a tu pareja en la persona que quieres (¡y necesitas!) que sea, probablemente eso no sea lo que sucederá. Si aún no lo han hecho, probablemente estén bastante atascados en sus caminos, y tener un anillo nuevo y brillante en el dedo no hará una gran diferencia de repente.

Tal vez tu relación es como un huracán: a veces, conoces parejas y te preguntas por qué se casaron en primer lugar. Antes de decidir decir "sí, acepto", asegúrate de evaluar tu propia relación: si está constantemente llena de altibajos y nunca se siente estable, puede que no sea el movimiento más inteligente para casarse, hasta que se resuelvan esos problemas.

Tal vez, los dos siempre están peleando. Algunas peleas están totalmente bien: todas las parejas lo hacen, es inevitable y totalmente bien (incluso saludable). Pero si tú y tu pareja están peleando sin parar y nunca pueden estar de acuerdo, casarse podría no ser su mejor opción, al menos no en este momento. En lugar de apresurarse a una boda, tómense su tiempo y vean si pueden estar en la misma página antes de hacer algo drástico.

Pequeñas molestias aquí y allá son totalmente comprensibles y, francamente, bastante comunes. ¿Cómo puedes no estar molesto/a por algunas cosas que hace tu pareja cuando estás cerca de ellos todo el tiempo? Sin embargo, cuando todo lo que hacen parece molestarte, esa es una historia diferente y probablemente sea una señal importante de que no deberías casarte.

O, por otro lado, simplemente te gusta estar solo/a. Hay dos tipos de personas en el mundo: las que necesitan estar cerca de otras personas las 24 horas del día, los 7 días de la semana, y las que no aman nada más que estar solas. Si te gusta volar solo/a y prefieres estar contigo, abandonar la idea del matrimonio podría funcionar a tu favor.

Puede que, evaluando tu relación, te des cuenta de que están en diferentes niveles de madurez. El casarse es un gran problema: están firmando documentos que les reconocen legalmente como socios durante el tiempo que ambos vivan.

. . .

Si uno de ustedes se toma la idea de una boda mucho más en serio que el otro, existe la posibilidad de que no la lleven a cabo. Si lo hacen, ambos deben estar igualmente de acuerdo con la seriedad del compromiso para que no terminen divorciándose una vez que se encuentren en lugares totalmente diferentes en la vida.

Es posible que realmente te importe tu pareja, pero casarse significa convertirse también en familia con su familia. Si sientes que te va a causar más infelicidad que felicidad que te agreguen a un grupo que no te gusta demasiado, olvídate del papeleo y simplemente disfruta de estar juntos sin tener que lidiar con el drama.

Otra opción es que no estés lo que llamarías "enamorado/a". Claro, puedes amar a alguien más que a nada, pero ¿estás realmente enamorado/a de esa persona?

Si su amor es más una amistad que una relación profunda, el matrimonio podría no ser el mejor paso a seguir. En cambio, probablemente sea mejor evaluar dónde se encuentran emocionalmente y si están satisfechos con la forma en que van las cosas en su vida amorosa.

. . .

O tal vez, crees que tu pareja es simplemente, "buena".

Estar con alguien porque lo amas es una cosa, pero solo querer casarte porque te estás conformando y has llegado a la conclusión de que tu pareja es lo mejor a lo que puedes aspirar no es bueno para nadie. Si esa es la única razón por la que todavía estás en una relación, es hora de repensar esa relación.

Si, por el contrario, ya sientes que estás en tu nivel máximo de felicidad en tu relación y prefieres mantener las cosas igual que arriesgarte a cambiar algo, no lo hagas. Algunas personas son perfectamente felices sin estar casadas oficialmente y ya se sienten más casadas que las parejas que han estado unidas legalmente durante mucho tiempo.

Por otro lado, algunas personas están atrapadas en sus caminos y no sienten la necesidad de ajustar su estilo de vida para dejar espacio para el de otra persona. A menudo, estar casado requiere cierto compromiso y una toma de decisiones conjunta porque dos personas unen sus vidas y, a veces, pueden estar en desacuerdo sobre ciertas opciones.

. . .

Un buen matrimonio crea suficiente espacio para que se cumplan las necesidades de ambas personas, y algunas personas prefieren hacer lo que quieren todo el tiempo. No quieren considerar cómo esa elección afectará a la otra persona.

Es importante entender que cuando llegas a dar el sí, te comprometes con la otra persona "hasta que la muerte los separe". Si bien eso es algo sorprendente para algunos, otros lo ven como un obstáculo.

Para muchas personas el matrimonio significa monogamia, aunque existen algunos matrimonios abiertos.

Quizás eres de los que se aburre de estar con una sola persona, que no quiere ser fiel, y quiere tener una variedad de parejas y aventuras y relaciones románticas en el futuro: el comprometerte así puede no ser para ti.

El mundo vive con la mentalidad de que todos tienen una "otra mitad", y no estás totalmente completo/a como persona hasta que encuentras la pieza del rompecabezas que falta. Si te sientes totalmente realizado por ti mismo/a, sigue haciéndolo: no todo el mundo necesita compartir su vida con otra persona para ser totalmente feliz.

. . .

Si realmente no hay nada emocionante en el matrimonio para ti y es más que nada lo que sientes que es el siguiente paso en la progresión de tu relación, no te adentres en el altar. Nunca debes casarte solo porque sientes que es lo correcto; solo debes decir "sí, acepto" si estás emocionado/a y realmente quieres dar el siguiente paso.

Algunos de los casos que vimos en este capítulo son manejables, pero la mayoría pueden representar un punto de quiebre. Es mejor que, si te has dado cuenta de que el matrimonio no es para ti (en este momento, o nunca), tengas una conversación honesta y profunda con tu pareja.

8

El momento para comprometerte

Ya sea que, a este punto, sepas que has estado saliendo oficialmente con "el/la indicado/a" durante unos meses o la mayor parte de la última década, y estés consciente de que esta persona es para ti y tú eres para él o ella, es posible que te preguntes cómo sabrás cuándo tu relación ha entrado en el "punto ideal", que es el momento adecuado para comprometerse.

Cuando la gente en tu red social favorita comienza a hacer alarde de un anillo de diamantes después de salir con alguien durante menos de un año, mientras que los novios de la escuela secundaria que conoces permanecen sin anillo durante décadas, no es de extrañar que estés confundido/a.

. . .

Y los expertos coinciden en que no existe un número mágico.

Hay algunas parejas que saben en la primera cita que han encontrado a la pareja y se comprometen rápidamente, mientras que otras se toman el tiempo para conocer bien a alguien antes de decidir comprar un anillo.

Sin embargo, una pareja debe pasar todas las temporadas juntos por lo menos para que superen la etapa de luna de miel antes de determinar si permanecer o no juntos de por vida. Todos dan lo mejor de sí mismos durante la etapa de cortejo, que suele ser los primeros tres meses de la relación.

Cuando su relación es nueva, no han pasado juntos por los baches del camino, viajado de vacaciones juntos o pasado por un evento traumático como la muerte de un miembro de la familia o la pérdida de un trabajo.

Se pueden llevar las cosas un paso más allá y agregar que cuanto más tiempo una pareja se conozca antes del matrimonio es clave para tener una unión duradera, de acuerdo con la opinión de algunos expertos. Cada pareja es diferente según la edad y las circunstancias, pero una cantidad razonable de tiempo para estar juntos antes de comprometerse es de uno a tres años.

La investigación apoya esta teoría. Un estudio publicado por investigadores de la Universidad de Emory en Atlanta encontró que las parejas que habían estado juntas al menos tres años antes de comprometerse tenían un 39% menos de probabilidades de divorciarse que las parejas que se comprometieron durante el primer año de noviazgo.

Claramente, el tiempo está del lado de una pareja cuando se trata de la longevidad de su matrimonio. Pero los expertos están de acuerdo, hay más en una pareja casada feliz que solo pasar años juntos. Aquí, comparten los aspectos más fundamentales de una relación que son los más importantes para determinar si un futuro compromiso durará.

1. Cómo se comunican y resuelven los conflictos

Como usamos las relaciones disfuncionales para escondernos de la intimidad, las parejas que tienen las herramientas para abordar los desafíos inevitables que presenta el matrimonio no solo podrán permanecer juntas sino disfrutar más. La forma en que una pareja resuelve sus desacuerdos es uno de los factores más importantes para determinar si podrán o no resolver los problemas en su vida de casados.

¿Se meten en peleas desagradables? ¿Al final se resuelve?

¿Una persona intimida a la otra persona? ¿Una persona empuja el problema debajo de la alfombra? ¿Una persona es pasivo-agresiva? La idea es saber que las parejas no estarán de acuerdo, pero lo que importa es cómo se maneja y se resuelve el desacuerdo.

2. Sus intereses y valores compartidos

Si bien las parejas no tienen que tener todos los mismos intereses, deben compartir algunos, así como un sistema de valores compartido. Esto incluye estar en sintonía con respecto a lo que significa la familia para ti, creencias espirituales, etc.

No tienes que tener las mismas creencias religiosas, pero si eres un cristiano devoto y tu amado es ateo, eso podría llevar a algunas situaciones complicadas. Se trata de tener suficientes similitudes en lo que amas en tu corazón sobre cómo vives en el mundo que es importante.

3. Cómo manejan las finanzas

La forma en que tú y tu pareja pueden ahorrar, gastar

y manejar las facturas es otro factor importante. Si uno es adicto a las compras y el otro quiere ahorrar para el futuro, es imperativo hablar sobre un presupuesto familiar. Muchas relaciones se disuelven debido a problemas financieros, por lo que tener un plan de ahorro y jubilación desde el inicio es fundamental para un matrimonio exitoso.

4. Su nivel de satisfacción sexual

Los expertos coinciden en que una vida sexual sana y activa es una parte integral de un matrimonio feliz y saludable, a cualquier edad. Es probable que las parejas casadas que se esfuerzan por mantener una buena vida sexual disfruten de una relación más satisfactoria.

Una forma en que se recomienda que las parejas aseguren un mejor sexo es hablar sobre el sexo en detalle: lo que las parejas quieren del sexo, el uno del otro, lo que les gusta, lo que no les gusta, incluidas instrucciones específicas durante el sexo sobre lo que se siente mejor.

5. Cómo equilibra el trabajo y la vida familiar

Asegurarse de que ambos hagan de su vida familiar una prioridad sobre el trabajo es otra clave para un matrimonio feliz y duradero. La mayoría de las veces, se tienen dos cónyuges que trabajan para mantenerse al día con los gastos de manutención, pero si uno de ustedes decide ser el sostén de la familia, mientras que el otro cuida la casa y los niños, tómense el tiempo para discutir cómo pasarán su tiempo cuando no esté trabajando.

El resultado final: el matrimonio es un trabajo duro. Si bien es posible que no puedas medir el éxito matrimonial en una escala en términos de tiempo, debe haber el mismo esfuerzo (y mucho) si dos personas tienen la intención de permanecer casadas de por vida. Esto no siempre será fácil, dicen los expertos.

A medida que avanzan en la vida, su relación necesitará retoques emocionales, pero no deben tener luchas emocionales o revisiones que duren años.

Si no pueden resolver y actualizar de una manera emocionalmente eficiente, se sugiere buscar asesoramiento sobre relaciones para que un profesional pueda ver dónde se encuentra la viga rota y ayudarlos a repararla antes de que decidan que necesitan derribarla y reconstruirla desde cero.

9

Qué esperar cuando te comprometas

No importa cuánto tiempo hayan salido tú y tu futuro cónyuge o cuántas veces hayas sido dama de honor o padrino en las bodas de tus amigos, hay algunas verdades que simplemente no descubres hasta que te comprometes.

1. Puede que no estés usando el atuendo perfecto el día de tu propuesta

Cualquiera que sea la propuesta de fantasía que hayas soñado (en el lugar más romántico del mundo, luciendo el vestido más perfecto, con el mejor cabello, uñas y cutis que jamás hayas tenido) puede no suceder en la realidad.

Sin embargo, la historia de tu propuesta, ya sea que haya sucedido en el sofá en pijama sin maquillaje o en medio del Caribe con un bikini sexy, es más importante (y especial) que esa propuesta de fantasía que podrías haber tenido en tu cabeza. ¿Por qué? Porque es tu historia y la de nadie más.

2. No podrás dejar de mirarte (o mirarle) la mano

Tienes esta increíble nueva pieza de joyería en tu dedo. Eso solo, más el significado único en la vida del símbolo, es suficiente para que quieras mirar compulsivamente tu dedo anular. Incluso si no eres una "persona de joyería", todavía estarás obsesionado/a. Y sí, todo el mundo va a querer ver el anillo, así que hazte la manicura (¡y ten cuidado de mirarte la mano boquiabierto/a mientras conduces o cruzas intersecciones concurridas!).

3. Tendrás que contar la historia de tu propuesta un millón de veces

Tan pronto como te comprometas, una de las primeras preguntas que la gente hará es ¿cómo te propusieron? Acostumbrarse a ella. Contar y volver a contar la historia es parte de la diversión de estar comprometido.

Para que sea más fácil para ustedes, podrían enviar la historia de su propuesta a sitios web como *How They Asked* (y pónganla también en el sitio web de su boda) para que sus amigos y familiares puedan obtener todos los detalles.

· · ·

4. La gente te preguntará sobre la fecha y el lugar de la boda antes de que hayas tenido la oportunidad de pensarlo

Ya sabes cómo va: todo el mundo está emocionado. Pero antes de que hayan tenido tiempo de comenzar a trabajar en su lista de planeación, su familia y amigos ya estarán pidiendo detalles como el lugar y el vestido de novia.

Si no tienes idea de dónde y cuándo será la boda (y sí... ¡no tienes que saberlo!), crea una declaración general que puedas usar cada vez que alguien te pregunte. Di algo como "estamos muy emocionados de estar comprometidos en este momento. Estoy seguro/a de que habrá mucho tiempo para resolver los detalles en los próximos meses". Ellos entenderán la indirecta.

5. No todo el mundo será feliz...

Por lo general, hay al menos una persona que puede parecer menos comprensiva o eufórica que el resto de tus amigos y familiares. Si esto no te pasa a ti, agradece, porque eres una minoría. Una reacción no tan positiva a tus buenas noticias es un reflejo de esa persona (no de ti). No te detengas en la retroalimentación negativa. Concéntrate en lo positivo: ¡te vas a casar!

1. ...Pero tus mejores amigos estarán ahí para ti

Conocerás a las personas con las que puedes contar.

Ellos son los que publican mensajes con cinco signos de exclamación en tu muro de Facebook en el momento en que anuncias tu compromiso, te invitan a tomar algo el día después de comprometerte para celebrar y te dicen que están listos para ayudarte con lo que sea que llegues a necesitar. Apóyate en los amigos que expresan su entusiasmo por ti (¡y celebra con frecuencia tu nuevo estado!).

6. Los amigos recién casados de repente se convertirán en expertos en planificación de bodas y te darán consejos (a menudo no solicitados)

Hay muchas razones por las que esto sucede. Algunos amigos pueden estar pasando por la depresión posterior a la boda y extrañan la emoción de planificar sus propias bodas. Otros pueden pensar que te están haciendo un favor.

Si un amigo ofrece consejos para planificar la boda (como "no deberías invitar niños a tu boda" o cualquier otra cosa que comience con "deberías/no deberías..."), tómalo con calma. Acéptalo amablemente como una señal de su amistad, no hay necesidad de ponerte a la defensiva. Si estás de acuerdo con el consejo, tómalo; si no, agradéceles y sigue con tus planes.

· · ·

7. Verás películas y programas de televisión sobre bodas de manera diferente

Ya sea que hayas visto docenas de episodios de *Say Yes to the Dress* o no hayas visto ninguno, es posible que ahora te encuentres un poco (o mucho) más interesado/a en películas y programas de bodas.

Mira *El padre de la novia, La boda de mi mejor amigo* y *27 vestidos*, y no te sientas mal por sentarte y disfrutar de uno o dos especiales de bodas de *TLC*. Este es uno de esos placeres culposos de la boda que puedes disfrutar mientras estás comprometido/a.

8. Te resultará difícil no lanzarte a planear la boda de inmediato y te resultará difícil simplemente disfrutar de estar comprometido/a

Seguro, reconoces que hay un largo camino por delante y hay mucho tiempo para planear una boda. Pero una vez que pasa el impacto, el siguiente paso natural es comenzar a elaborar planes de boda. Está bien (¡y es bueno!) comenzar temprano, solo sean sensibles el uno con el otro.

Es posible que tu futuro cónyuge haya gastado mucha energía (y dinero) en una propuesta y necesite un poco de tiempo para relajarse antes de comenzar a gastar en la boda. Algunas cosas con las que pueden comenzar de inmediato son el planificar la lista de invitados (al menos su familia y amigos) y documentar la historia de su propuesta.

9. Su relación se sentirá diferente (incluso si han estado viviendo juntos durante años)

Una propuesta de matrimonio es emocionante, pero también es algo serio. Acaban de acordar comprometerse el uno con el otro, para siempre. Resuelvan los detalles esenciales que quizás solo han tocado cuando estaban saliendo.

Decidan, como ya lo hablamos, qué harán para las vacaciones cada año, si quieren tener hijos y dónde quieren vivir a largo plazo. Incluso si los planes cambian, es bueno saber cuál es su posición ahora.

Si no están obligados a hacerlo a través de su iglesia o templo, consideren inscribirse en el asesoramiento previo a la boda, donde un profesional los guiará a través del proceso. Resolver juntos las decisiones difíciles de tomar hará que la ceremonia de la boda sea mucho más significativa.

10

Qué esperar del matrimonio

Ahora, si ya estás comprometido/a, enamorado/a y preparándote para el gran día, ¿cómo sabes que realmente estás listo/a para la vida matrimonial? Muchas parejas acuden a un terapeuta antes de casarse para ayudarlos a comprender cómo comunicarse entre ellos, y esta estrategia se ha calificado como sumamente útil.

Pero si es una buena pareja para empezar, ¿no saben las parejas instintivamente cómo tener una buena relación? No necesariamente. Definitivamente hay elementos de muchas parejas sanas que pueden hacer que tengan una base sólida y sólida, pero todas las parejas, sin importar qué tan saludables, felices y qué tan bien se lleven el uno con el otro, van a experimentar conflictos en un momento u otro.

. . .

Deberías saber, desde un inicio, que tu cónyuge no te va a completar.

Esa famosa frase de "Jerry Maguire" suena romántica, pero no esperes que tu pareja complete tu vida. Es realmente importante que te concentres en ti, no de una manera egoísta, no de una manera que ignore a tu pareja, sino de una manera en la que entiendas que cuidarte a ti mismo/a te ayudará a dar lo mejor de ti en tu relación.

Las parejas deben poder tener un equilibrio de separación y unión. De la misma manera, es sumamente importante que sean conscientes de las expectativas que cada uno está trayendo al matrimonio.

Probablemente desees mucho de una sola persona: un/a compañero/a, un amante apasionado, un buen padre/madre y más, por lo que pueden surgir problemas después de que se le presente a las parejas un "inventario de expectativas". Aquí hay algunos ejemplos de declaraciones: ¿tú y tu futuro esposo o esposa estarían de acuerdo?

- Mi pareja satisfará todas mis necesidades de compañía
- No creo que el romance deba desvanecerse con el tiempo

- No creo que el interés de mi pareja por el sexo deba ser diferente al mío

Tienes que ser consciente también de que no siempre te sentirás "enamorado/a". Podrías estar con la pareja más perfecta del mundo para ti y vas a pasar por temporadas en las que sientes que no estás alineado/a y que no estás enamorado/a. Ahí es donde es realmente importante basarse en los valores que identifican como pareja, en lugar de tratar de seguir los sentimientos que creen que se supone que deben tener.

Y es por eso que las relaciones familiares de tu pareja son clave. ¿Cómo se llevaba tu pareja con su familia? ¿Estaban cerca o lejos? ¿Hubo conflicto? Esa información es muy importante. Muchos de los temas en nuestra familia de origen se repiten o resurgen, y cuando las parejas pueden hablar sobre esas cosas sin juzgar, pueden escuchar y sintonizar con la experiencia de su pareja, es algo grandioso.

Crea un profundo nivel de confianza.

. . .

Otro punto del que ya hablamos largo y tendido, es la importancia de conocer las finanzas de tu pareja. Ambos deben revelar toda su situación financiera. A partir de ahí, comiencen a decidir: ¿Cuál es la mejor manera de administrar las finanzas? Muchas parejas jóvenes hoy en día tienen una cuenta conjunta, además de sus propias cuentas separadas.

Eso está bien, si eso es lo que funciona. Pero quieres hablar de eso para asegurarte de que no te sientas controlado/a o estés generando inseguridades. Las finanzas son donde pueden surgir la desconfianza y los problemas. Es una de las principales razones por las que la gente se divorcia.

El dinero puede ser un tema tan delicado que, para algunas parejas, hablar de ello puede resultar incluso más incómodo que hablar de sexo.

Y sí, el conflicto es inevitable, así que reconoce tu papel para resolverlo. Cuando estás en la fase de luna de miel, es difícil imaginar que habrá discusiones o que tu cónyuge tiene rasgos y hábitos molestos, pero todo eso está esperando.

. . .

¿Cómo los tratarás?

A menudo, las cosas que no te gustan o desprecias más adelante en tu relación tienen más que ver contigo que con tu pareja. Se trata de las vulnerabilidades, inseguridades e incomodidades que traes contigo mismo/a y de las que la otra persona no es responsable.

Una gran parte de cómo manejar el conflicto y la ira es saber que comienza contigo mismo/a: cómo puedes manejar tu propia ansiedad, practicar formas saludables de cuidarte y simplemente asegurarte de que estás en un buen lugar para abordar cualquier factor estresante que esté sucediendo.

A partir de ahí, se trata de saber unirnos y comunicarnos en pareja. Las personas responden y reaccionan muy rápidamente, pero lo que debes hacer es detenerte, estar presente y dispuesto/a, y escuchar.

Esto implica también hablar sobre lo que significaría para ti un abuso de confianza. ¿Serán monógamos y se comprometerán solo el uno con el otro, o están de acuerdo con un matrimonio más abierto? Depende de la pareja y de cuáles sean sus límites y valores personales.

. . .

¿Qué significaría para ti una traición? Para algunas personas, el comportamiento inaceptable puede significar coquetear, enviar mensajes de texto o tener una aventura emocional. Para otros, el único factor decisivo puede ser acostarse con otra persona. Hablen de ello antes de casarse.

Cuando las cosas se pongan difíciles, no lo dejen de inmediato. Muchas parejas jóvenes casadas se divorcian muy pronto, menos de cinco años después de casados. Hay una mentalidad en nuestro mundo actual de que, si algo no funciona para ti, lo ideal es deshacerte inmediatamente de eso.

Sin embargo, los conflictos en los matrimonios y las relaciones son oportunidades para crecer. A menos que experimentes abuso u otro comportamiento intolerable, dense la oportunidad de tratar de resolver las cosas.

Finalmente, expresen su amor. La investigación realizada por el psicólogo John Gottman encontró una proporción "mágica" de 5 a 1 entre parejas sanas: por cada interacción negativa durante un conflicto, las personas en un matrimonio estable y feliz tenían cinco o más interacciones positivas.

La positividad es crucial. Es realmente importante sentir que estás en un buen lugar, y eso definitivamente se demuestra a través de los pequeños actos de amor. No las grandes cosas, como planear viajes lujosos o gastar un millón de dólares en tu pareja, sino simplemente despertarte por la mañana y darle un beso.

Navegar una relación sin duda es todo un reto, pero lo más importante es recordar las razones por las que decidiste dar ese gran paso. Si te evaluaste a ti mismo/a, a la relación y a tu pareja, es posible que logren enfrentarse con buenos resultados a todos los obstáculos que encontrarán en el camino.

11

Consejos para un matrimonio saludable

SI DESEAS que tu matrimonio triunfe, entonces debes dedicar tiempo, esfuerzo y energía a tu cónyuge, sin importar cuán nueva o antigua sea su relación. Incluso las parejas estables requieren un mantenimiento y una gestión regulares.

Comencemos con algo muy sencillo: nunca salgas de casa sin despedirte. No olvides darle un abrazo y un beso a tu pareja antes de irte al trabajo. No lleva más de unos segundos y puede marcar una gran diferencia en su relación. El afecto mantiene al romance vivo.

Guarda los secretos de tu pareja, por pequeños que sean. Cuando tu cónyuge confía en ti, eso no es algo que deba tomarse a la ligera. E incluso si el secreto que compartieron contigo parece pequeño y trivial, no es algo que debas contarles a tus amigos y familiares, pase lo que pase.

Lo que puede parecer insignificante, trivial o lindo para ti puede ser serio para tu pareja. Reconoce lo que es importante para tu pareja y no lo discutas con tus amigos o familiares. En esta misma línea, nunca compartas detalles personales o información privada sobre ellos con tus amigos.

Todos se enojan con su pareja a veces, y eso está bien. Sin embargo, un buen cónyuge nunca, nunca ventila sus quejas públicamente. Incluso cuando suena como una broma, nuestras parejas se sienten heridas, avergonzadas y avergonzadas cuando hablamos de asuntos privados con familiares o amigos.

Por muy tentador que sea mencionar esos incidentes con otros, resiste. Es una falta de respeto y no conducirá a una resolución positiva. Mejor, cuando presentes una queja o crítica, habla con ellos primero y comienza con un cumplido.

A nadie le gusta escuchar sobre las cosas que están haciendo mal, incluso cuando es necesario. Es por eso que cuando necesites expresar críticas o frustraciones con tu pareja, primero comienza con un cumplido. También es inteligente terminar con un recordatorio de algo más que te guste de ellos. Al hacerlo, pones las declaraciones negativas en perspectiva.

Usa la risa a tu favor. Incluso en situaciones tensas, a veces todo lo que necesitas es un momento de ligereza para cambiar el tono de la conversación. Si sucede algo frustrante, trata de aliviar la tensión con un poco de humor. No te burles de tu pareja, pero usa el humor compartido como una forma de decir: 'sé que esto es difícil, pero lo superaremos'. Tu pareja pensará en ti como alguien tranquilizador/a y útil cuando surjan problemas.

Dividan las tareas del hogar en partes iguales. Asegúrense de que no seas solo tú o tu pareja quien se encargue de tu hogar. Un estudio de 2013 publicado en el Journal of Family Issues descubrió que las parejas eran más felices cuando compartían las tareas del hogar y la crianza de los hijos.

No te preocupes por las cosas pequeñas, ninguna relación es perfecta y siempre habrá cosas menores que tu pareja hará que te molestarán, pero eso no significa que justifiquen una discusión seria.

. . .

Puedes dejar que sus malos hábitos te molesten hasta la distracción, o puedes aceptarlos y evitarlos. ¿Deja abierta la tapa de la pasta de dientes? Compra tubos separados. ¿Deja ropa tirada por ahí? Ignórala o recógela, recordando cuánto hace por ti de otras maneras.

Ten conversaciones tranquilas en lugar de discusiones acaloradas. Es natural enfadarse a veces. Pero tener una conversación con tu pareja, en lugar de una discusión, es más saludable a largo plazo. Un estudio de UCLA de 2012 encontró que aquellos que discutían con enojo tenían más probabilidades de divorciarse 10 años más tarde que aquellos que resolvían los conflictos civilmente.

Y si te enojas o te molestas, tómate un minuto antes de responder. Entonces, ¿cómo evitas que las cosas se intensifiquen hasta el punto de pelear con enojo? Cuando tú y tu cónyuge se sientan frustrados, tómense unos minutos para caminar alrededor de la cuadra, acostarse o simplemente alejarse el uno del otro para que puedan reagruparse.

Un breve descanso les permitirá a ambos mantenerse en el camino y hablar sobre lo que les molesta en lugar de soltar insultos personales por accidente, de los que sin duda alguna se arrepentirán más tarde.

. . .

El conflicto no es lo único que puede hacer que tu matrimonio se vuelva amargo, cambia las cosas para evitar el aburrimiento. Según un estudio de la Universidad de Michigan de 2009, el aburrimiento también es un problema grave para las parejas casadas. Por lo tanto, deben hacer todo lo posible para sazonar su rutina con algunos momentos de imprevisibilidad.

Realicen excursiones sorpresa de un día, tomen una clase o hagan una actividad juntos; planeen unas vacaciones en el extranjero: hagan lo que hagan, solo asegúrense de que las cosas sigan siendo emocionantes, un recuerdo del comienzo de su relación.

Nunca dejen de tener citas. Fácilmente puedes mantener tu relación tan divertida y amorosa como lo fue al principio simplemente tratándola exactamente como lo hiciste entonces, pero prohíbe ciertos temas durante la cita nocturna.

Cuando tienes hijos, puede ser casi imposible encontrar tiempo a solas. Entonces, cuando lo logres, usa la regla "BEWIK" (por sus siglas en inglés) para establecer temas que están fuera de los límites: facturas, ex, trabajo, suegros e hijos. Esto ayuda a las parejas a recordar por qué se enamoraron en primer lugar.

Asegúrate de deshacerte de los teléfonos también. Durante la noche de la cita, hagan un esfuerzo por mantener su teléfono celular en su bolsillo. Dale a tu cita la prioridad de tu tiempo y toda la atención que ellos, y tu relación, merecen.

Si tienen hijos, se sugiere darle a la niñera un tono de llamada especial en caso de emergencia.

También, cuando salgan, traten de verse bien. Haz un esfuerzo por tu pareja, usa algo que demuestre que te preocupas por cómo te ves. Vístete como si estuvieras tratando de llamar su atención y atraerlos de nuevo. ¡Un pequeño esfuerzo ayuda mucho a reavivar esa chispa!

Aborden cualquier problema antes de que se intensifique.

La pareja promedio espera seis años después de tener un problema de relación para buscar ayuda, según Bloomberg.

. . .

En lugar de dejar que las cosas se intensifiquen, habla con tu cónyuge y aborda el problema directamente.

Pero no trates de cambiar a tu pareja. Hay una gran diferencia entre apoyar al amor de tu vida mientras trabaja para hacer cambios saludables y pedirle que sea alguien que no es. No es que tu pareja nunca cambie, es que no puedes cambiar a tu pareja.

Puedes apoyar a tu pareja en un intento de hacer un cambio, y pueden cambiar juntos. Pero lo que está equivocado es la idea de que puedes empujar a tu esposo o esposa a cambiar en la dirección que has elegido para él o ella.

Las personas que finalmente aceptan a su pareja por lo que son, en lugar de verlos como un proyecto de bricolaje, encuentran la experiencia liberadora y es mucho más probable que tengan relaciones felices y satisfactorias durante décadas.

Fomenten una amistad, así como una relación romántica.

. . .

Nos enseñan desde el principio a pensar en la amistad y el amor romántico como algo diferente. Sin embargo, lo que hace que las amistades funcionen son las mismas cosas que hacen que un matrimonio funcione.

Esperamos estar con amigos, disfrutamos de su compañía, nos relajamos con ellos, compartimos intereses comunes y hablamos abiertamente. Piensa en el patio de recreo cuando eras un niño/a, tu pareja debería ser ese otro niño con el que más te gustaría jugar.

Recuerden los buenos tiempos con frecuencia. La próxima vez que quieras hacer sonreír a tu esposo/a, recuérdale un momento en que los dos estaban felices como siempre.

'Recordar cuando...' es un gran comienzo para una conversación amorosa.

Crea un sentimiento muy bueno al recordar cómo eras cuando salías, cuando te casaste, cuando compraste tu casa por primera vez, cuando tuviste tu primer hijo, etc. Recordarse de su sólida historia juntos es una forma de aumentar su vínculo.

. . .

Así, comprendan que el amor cambia con el tiempo y acepten ese cambio. La forma en que te sientes acerca de tu cónyuge cambiará con el tiempo a medida que ambos evolucionen como personas. Y si deseas que tu matrimonio dure, debes aceptar este cambio en lugar de tratar de hacer retroceder el tiempo. Las relaciones de calidad incluyen la comprensión de que la definición y la conceptualización del amor cambian constantemente.

Muchas personas asocian el amor con las 'mariposas' que ocurren cuando salen con alguien por primera vez. A medida que pasa el tiempo, es posible que aún sientas mariposas, pero también puede evolucionar hacia el respeto mutuo, una comprensión avanzada de los gustos y disgustos de cada uno, y apreciar las fortalezas de tu pareja.

Esfuércense por crecer juntos, no separados. Nunca uses el gastado dicho: 'nos estamos distanciando'. Toda la humanidad está en constante crecimiento, cambio y evolución.

Pueden elegir crecer juntos cambiando, creciendo y evolucionando como pareja.

· · ·

Puedes dejar pequeñas notas de amor en la casa para que tu pareja las encuentre. A la gente le encanta sentirse apreciada. Y si quieres que tu cónyuge se sienta muy especial, una manera fácil de hacerlo es con pequeñas notas de amor esparcidas por la casa.

Es agradable para cualquiera recibir algo dulce que pueda guardar como recuerdo, Dale a tu pareja algo significativo para conservar cuando sea viejo/a y canoso/a, ¡y estará feliz de envejecer contigo! Puedes incluso simplemente enviar un mensaje de texto para recordarle cuánto lo/la amas.

Los mensajes de texto no deberían ser el método preferido de comunicación en ninguna relación. Sin embargo, cuando se trata de tu matrimonio, vale la pena enviar dulces mensajes de texto de vez en cuando. De hecho, un estudio de 2013 publicado en *el Journal of Couples & Relationship Therapy* mostró que enviar mensajes de texto afectuosos se asoció positivamente con la satisfacción de la relación.

También, asume la responsabilidad de tus acciones.

· · ·

Los cambios de humor y los arrebatos de ira nos suceden a los mejores. Sin embargo, lo que diferencia a un buen cónyuge de uno malo es reconocer esos días no tan buenos y aprender de ellos.

Si tienes un mal día, no le eches la culpa a tu pareja, a tu jefe o al tráfico, recuerda que tu estado de ánimo y tus sentimientos son tu responsabilidad. En los matrimonios saludables, cada miembro de la pareja es dueño de sus propios sentimientos, comportamientos y estados de ánimo. No culpan a nadie más por su propio mal humor, sino que se hacen cargo.

Discutan para resolver en lugar de ganar. Algo que puede detener una pelea en seco es recordar que están en el mismo equipo. No vayas por el golpe bajo ni digas cosas incendiarias que solo servirán para molestar y lastimar aún más a tu pareja. Le amas. Eres parte de un equipo. Actúa como tal.

Piensa, '¿qué resolvería esto como una victoria para nosotros dos?'

No juzgues a tu cónyuge. Tu pareja espera que cualquier conversación que tenga contigo esté libre de juicios.

Cuando tu pareja acude a ti para pedirte consejo o simplemente para una sesión de desahogo, es vital que la escuches no solo con atención, sino también abiertamente.

La comunicación implica ser empático/a, no juzgar y ser desinteresado/a cuando tu pareja necesita tu ayuda.

Aprende a disculparte de verdad. Si quieres que tu matrimonio dure, entonces necesitas aprender a disculparte y realmente decirlo en serio. Una disculpa significa que tienes una idea de tu comportamiento y que ves tu papel en la situación. Asegúrate de que no sea siempre tú o tu pareja el que tenga que disculparse. Si uno de los cónyuges es siempre la persona que se disculpa, esto es un desequilibrio en la relación y generará problemas.

No tengas miedo de la consejería. Los consejeros matrimoniales solo están ahí para ayudarte a ti y a tu relación. Así que ir a terapia no te convierte en un fracaso. De hecho, un estudio de 2010 publicado en el *Journal of Consulting and Clinical Psychology* encontró que la consejería matrimonial puede ayudar incluso a las parejas más angustiadas, siempre y cuando tanto tú como tu pareja estén dispuestos a cambiar y mejorar.

. . .

Encuentren pasatiempos nuevos y emocionantes juntos. Tú y tu esposo/a no tienen que tener todo en común para que su matrimonio funcione. Sin embargo, a medida que su relación avanza, se sugieren emprender nuevas actividades con tu pareja para que los dos tengan algo por lo que vincularse.

Son esos nuevos intereses y nuevas experiencias, descubiertos durante unas vacaciones, por ejemplo, los que ayudan a agregar una chispa a una relación. En esas experiencias, una pareja puede redescubrir por qué se enamoraron en primer lugar y, lo que es más importante, aprender a divertirse juntos.

También pasen tiempo de calidad separados. Si deseas que tu unión sea exitosa, debes comprender la necesidad de un tiempo de separación. Según un estudio de 2004 publicado en *Journal of Marriage and Family*, tener pasatiempos y amigos fuera del matrimonio es clave para tener una alta satisfacción dentro del mismo.

Así que mantén buenas relaciones con tus amigos. Tu cónyuge puede ser tu mejor amigo, pero eso no significa que deba ser tu único amigo. Por el contrario, un estudio de 2017 de la Universidad de Texas en Austin descubrió que los cónyuges que tenían sistemas de apoyo sólidos podían distraerse mejor cuando sus matrimonios se volvían demasiado estresantes.

En otras palabras, tus otras amistades cercanas podrían traducirse en peleas menos serias con tu pareja. Y también podrías entablar amistad con otras parejas.

Tener amistades con otras parejas no solo es bueno para una cita nocturna: según una investigación de la Escuela de Trabajo Social de la Universidad de Maryland, las parejas que buscan activamente amistades con otras parejas tienden a ser más felices y están más conectadas.

Realicen evaluaciones rutinarias de su dinámica. Tómense el tiempo para alejarse de la relación juntos y hacer preguntas como, '¿Cómo va la relación?' '¿Dónde hemos estado luchando?' '¿Qué ha sido bueno?' '¿Qué deseamos?'

'¿Cómo podemos apoyarnos unos a otros?'. Hacer esto fortalece el vínculo entre ustedes y los hace a ambos más conscientes de lo que funciona y lo que no funciona en su relación.

· · ·

Definan el propósito de su relación. Hablando de preguntas, cuando te encuentras inseguro en tu matrimonio, puedes hacerte una pregunta particularmente importante: "¿Cuál es el propósito de mi relación?"

Esta pregunta a menudo puede ayudar a las personas a aclarar sus necesidades, lo que les gusta y lo que no les gusta de su relación, qué les gustaría más y, lo que es más importante, cómo pueden apoyar más a su pareja. Este es un enfoque fundamental para las relaciones, como una declaración de misión.

De igual manera, aprendan a transigir. Digamos que quieres ver *The Bachelor* y tu pareja quiere ver el hockey. Los dos están programados al mismo tiempo. Podrían discutir al respecto hasta que terminen ambos programas, o podrían aprender a comprometerse como lo hace toda buena pareja.

Acepten que no obtendrán todo lo que está en su lista de necesidades y deseos, necesitan hacer algunas cosas que tal vez no quieran por el bien de la relación.

Concéntrate también en la calidad de la intimidad que compartes con tu pareja. Es calidad sobre cantidad cuando se trata de sexo. Eso es según un estudio de 2016 en Archives of Sexual Behavior que analizó la satisfacción marital y descubrió que la frecuencia del sexo no era tan importante como la calidad del mismo.

No tengas miedo de investigar cuando se trata de sexo. Incluso un perro viejo puede aprender nuevos trucos. Según un estudio de la Universidad de Chapman de 2016, las parejas sexualmente satisfechas leen consejos sexuales en línea o en revistas, y luego lo prueban.

También, trabajen en manejar las cosas de manera más suave y productiva. Imagínate llegar a casa del trabajo y encontrarte con un fregadero lleno de platos.

Ahora, en lugar de gritarle a tu cónyuge por no limpiar, háblale productivamente sobre tu frustración.

Un lenguaje más suave es uno de los mayores cambios en el juego de los matrimonios exitosos, transmite el mismo mensaje, pero en un tono más suave. Y, como otra opción, siguiendo este hilo de la higiene y limpieza, un consejo extra: si las finanzas y el espacio lo permiten, a muchas parejas les funciona usar baños separados.

. . .

Aprende el lenguaje de amor de tu cónyuge. Todo el mundo tiene un lenguaje de amor diferente, y en un matrimonio, parte de ser un buen cónyuge es comprender la singularidad de tu pareja: regalos, tiempo de calidad, palabras de afirmación, actos de servicio o contacto físico. Es posible que te guste el contacto físico y que a ellos les guste el tiempo de calidad. Aprende tu idioma para poder decirles lo que disfrutas y viceversa.

Quítale la pasión a las peleas por dinero.

Independientemente de tus niveles de ingresos o activos, es importante consultar a un asesor o planificador financiero externo que pueda ayudarles a trabajar en objetivos comunes, resolver desacuerdos y eliminar la emoción a menudo tan cargada que provoca el tocar el tema del dinero.

Una encuesta de 2018 encontró que las peleas por dinero son la segunda causa principal de divorcio después de la infidelidad, por lo que tener a alguien que los ayude a superar sus problemas financieros podría salvar su matrimonio.

· · ·

Recuerda agradecer a tu pareja, incluso por las cosas pequeñas. Claro, dices "gracias" por las cosas grandes, por ejemplo, un regalo, una cita nocturna o un ramo de rosas.

Pero, ¿qué pasa con todas esas pequeñas cosas que hace tu cónyuge para hacer tu vida más fácil y mejor?

Si aún no estás expresando tu gratitud por estas cosas, es posible que desees comenzar. Según un estudio de 2015 de la Universidad de Georgia, el mayor predictor de la calidad del matrimonio es la capacidad de expresar gratitud.

También, dale a tu cónyuge toda tu atención. Cuando tu pareja se esté comunicando contigo, deja de realizar múltiples tareas de inmediato. Tu pareja se sentirá valorada al instante, y el resto de su vida matrimonial puede convertirse en una primera cita emocionante juntos.

Apoya los sueños de tu esposo o esposa. ¿Tu pareja sueña con obtener su maestría? ¿Espera algún día obtener su licencia de piloto?

Cualquiera que sea su objetivo, tu trabajo como cónyuge amoroso/a es apoyarlos mientras trabajan para lograrlo. Del mismo modo, debes hablar abierta y honestamente sobre tu visión del futuro, para que tu pareja pueda apoyarte en todos los sentidos.

Y de igual manera, pide apoyo cuando lo necesites. Es injusto suponer que tu cónyuge es un lector de mentes y siempre sabe cuándo necesitas apoyo emocional. Al decirle a tu pareja que necesitas ayuda, estás dando a conocer tus necesidades y poniendo la pelota en su cancha.

Una investigación de la Universidad de Iowa publicada en 2008 incluso encontró que cuando las esposas eran abiertas y honestas acerca de sus necesidades, eran más felices. Sin embargo, no des consejos que no te han pedido.

Sí, existe tal cosa como ser demasiado solidario/a. En el mismo estudio de la Universidad de Iowa, los investigadores encontraron que demasiado apoyo informativo, generalmente en forma de consejos no solicitados, puede dañar un matrimonio.

La empatía es el ingrediente secreto, el ingrediente clave para una unión genuinamente feliz.

. . .

Cuando las parejas tienen empatía mutua, entienden por qué todas las demás cosas son importantes y se sienten motivadas para hacer las cosas que ayudarán a que su relación se sienta mejor para ambos.

Nunca menciones la amenaza del divorcio a menos que lo digas en serio. Esto es lo último que una persona casada quiere escuchar decir a su cónyuge. A menos que te tomes en serio la idea de divorciarte, ni siquiera lo menciones como una posibilidad. Amenazar con el divorcio no es una forma de asustar a tu cónyuge para que haga terapia de pareja, y no es una forma saludable de solucionar cualquier otro problema que puedas tener.

Deja el pasado en el pasado y permite que cada día sea una pizarra limpia entre tú y tu pareja. Incluso si tu cónyuge dijo algo malo o hizo algo agravante, trata de perdonar a tu pareja por los desaires de ayer. Habla los problemas, encuentra una solución y comienza cada mañana de nuevo.

Acepta que todos tenemos días malos en los que no somos las parejas amorosas que idealmente nos gustaría ser.

Conclusión

Ahora tienes mucha información para lograr tomar una decisión consciente, bajo la que puedes decir con seguridad que escogiste lo mejor para ti y para la persona que amas.

Si, a lo largo de estas páginas, has decidido que estás con aquella persona a la que quieres tener contigo por el resto de tu vida, ¡felicidades! Que todo lo bueno llegue a ustedes.

Si, por el otro lado, has descubierto que estás en una relación que no te satisface del todo, o que el matrimonio, después de todo, parece no ser para ti, espero que puedas resolverlo de la mejor manera con esa persona con la que has compartido tanto y que seguramente merece todo tu amor y respeto, aún si las cosas no parecen funcionar para ustedes.

Y, si aún te encuentras buscando a esa persona con la que quieras compartir tus días, ¡ánimo!

Ahora sabes un poco mejor qué debes trabajar en ti, qué es lo que deberías estar buscando en una potencial pareja y a qué es lo que te podrías enfrentar durante tu camino hacia al altar.

Cualquier situación en la que te encuentres, seguro ahora tienes un panorama mucho más amplio para ver por ti y aquello que más te hará feliz. Las grandes decisiones deben valer la pena y hacerte crecer, así que, sabiendo todo esto, estás listo/a, no para encaminarte al altar precisamente, pero sí para grandes cambios en tu vida y tu relación. Que tu elección sea siempre lo mejor para ti.

Referencias

Firman, T. 2018. "40 signs you should never get married" en *Best Life*. Recuperado de https://bestlifeonline.com/reasons-not-to-get-married/

Sinrich, J. 2018. "7 signs you're more than ready for marriage" en *Wedding Wire*. Recuperado de https://www.weddingwire.com/wedding-ideas/signs-youre-ready-for-marriage

Manson, M. 2022. "The no-bullshit way to find "the one"", en *Mak Manson*. Recuperado de https://markmanson.net/how-to-find-the-one

N/A. 2022. "12 signs your partner is hands down, the one" en *Cosmopolitan*. Recuperado de https://www.cosmopolitan.com/sex-love/advice/a5989/signs-you-should-marry-him/

Villines, Z. 2022. "21 signs you are ready for marriage" en *Marriage.com*. Recuperado de https://www.

marriage.com/advice/readiness/are-you-really-ready-for-marriage/

N/A. 2012. "50 things everyone should know about getting married" en *Glamour.* Recuperado de https://www.glamour.com/gallery/50-things-everyone-should-know-about-getting-married

Vincenty, S. 2020. "25 questions couples should talk about before marriage" en *Oprah Daily.* Recuperado de https://www.oprahdaily.com/life/relationships-love/a34427583/questions-to-ask-before-marriage/

Sinrich, J. 20222. "How long should you date before getting engaged?" en *Brides.* Recuperado de https://www.brides.com/story/how-long-should-you-date-before-engaged

Winikka, A. 2020. "10 things no one tells you about getting engaged" en *The Knot.* Recuperado de https://www.theknot.com/content/just-engaged-advice-tips

Pawlowski, a. 2018. "What to know before getting married: advice from a couple's therapist" en *Today All Day.* Recuperado de https://www.today.com/health/what-know-getting-married-couples-therapist-advice-t122403

N/A. 2020. "50 best marriage tips of all time, according to relationship experts" en *Best Life.* Recuperado de https://bestlifeonline.com/marriage-tips/

www.ingramcontent.com/pod-product-compliance
Lightning Source LLC
Chambersburg PA
CBHW060503030426
42337CB00015B/1714